rororo

Zu diesem Buch

Gerade übergewichtige Menschen müssen besonders auf ihre Gesundheit achten und sollten sich sportlich betätigen – doch wer so richtig drall ist, traut sich vielleicht nicht ins Fitness-Studio oder in den Sportverein. Viele Sportarten sind zudem eine viel zu große Belastung für den Bewegungsapparat eines übergewichtigen Menschen, und Bauch-Beine-Po-Kurse neben superschlanken, jungen Damen machen nicht jedem Spaß. Dieses Buch hilft Ihnen wieder auf die Sprünge – ohne die Aufforderung, dass Sie Ihr Gewicht reduzieren müssen. Vielmehr soll dies eine Motivation sein, Ihren Körper neu zu entdecken und sich wieder mit Freude und Lust zu bewegen. Leicht nachvollziehbare Anleitungen und viele Fotos ermöglichen auch Ungeübten einen problemlosen Einstieg.

Sport tut gut – machen Sie mit!

Die Autorin

Dörte Kuhn, geboren 1969, hat in Hamburg ein Lehramtsstudium absolviert und ist ausgebildete Trainerin für Aerobic, Power-Yoga und Pilates sowie Rückentraining und Gymnastik. Seit Jahren betreut sie Sportgruppen für stark übergewichtige Menschen mit dem von ihr entwickelten aeroBIG- bzw. Big-Gym-Konzept in Vereinen und Studios. Außerdem verfügt sie über diverse Fachausbildungen der Alternativmedizin wie Homöopathie, Bachblüten-Therapie, Ohrakupunktur und Fußreflexzonenmassage.

Dörte Kuhn

Big Gym

Frauen-Fitness XXL

Rowohlt Taschenbuch Verlag

Inhalt

Überarbeitete Neuausgabe
Veröffentlicht im
Rowohlt Taschenbuch Verlag,
Reinbek bei Hamburg, Januar 2004

Fotos Horst Lichte
Titel der Originalausgabe
Big Gym – Fitness für Dicke. So macht
Bewegung bei Übergewicht (wieder) Spaß

Umschlaggestaltung any.way,
Martina Kloke (Foto: zefa/A. Green)
Reihenlayout Christine Lohmann
Satz Caecilia und Helvetica PostScript
bei KCS Buchholz/Nordheide
Druck und Bindung
Landesverlag Druckservice, Linz
Printed in Austria
ISBN 3 499 61657 2

Die Schreibweise entspricht den Regeln
der neuen Rechtschreibung.

Ein Wort zuvor 7

Übergewicht & Adipositas 9

Was ist Adipositas? 10

Ursachen von Adipositas 12

Übergewicht & Sport 17

Einschränkungen durch Übergewicht 19

Welche Sportart ist die richtige für Sie? 25

Ausdauertraining 26

Kräftigungstraining 37

Beweglichkeits- und Dehnungstraining 40

Welche Sport-Kombination ist sinnvoll? 41

Sport und Gewichtsreduktion 42

Praxis

Verschiedene Sportarten im Vergleich 51

Ausdauersportarten 53

Kräftigungssportarten 59

Der Aufbau eines Trainings 63

Das aufrechte Bewegungsmuster 66

Die Positionen 72

Wahrnehmungstraining 82

Gleichgewichtstraining 86

Kräftigungstraining 89

Dehnungs- und Beweglichkeitstraining 122

Entspannungstraining 151

Übungspläne 157

Für Anfängerinnen 158

Für Fortgeschrittene 160

Zum Nachschlagen 163

Persönliches zum Schluss 172

Dank 173

Die Ratschläge in diesem Buch sind von der Autorin und vom Verlag sorgfältig erwogen und geprüft, dennoch kann eine Garantie nicht übernommen werden.

Eine Haftung der Autorin bzw. des Verlags für Personen-, Sach- und Vermögensschäden ist ausgeschlossen.

Wichtiger Hinweis

Das **Big Gym**-Training kann vielen übergewichtigen Menschen helfen, ein verbessertes Körpergefühl aufzubauen und Beschwerden, die durch mangelnde Bewegung verursacht werden, zu lindern. Bei einigen Übungen werden für eventuell vorhandene körperliche Beschwerden entsprechende Hinweise gegeben, um den Schaden nicht zu vergrößern. Wir bitten um Beachtung.

Dieser Ratgeber ersetzt aber bei extremem Übergewicht und gesundheitlichen Störungen keine ärztliche Diagnose und Therapie.

Geschützte Warennamen (Warenzeichen) werden nicht besonders kenntlich gemacht. Aus einem Fehlen eines solchen Hinweises kann nicht geschlossen werden, dass es sich um freie Warennamen handelt.

Ein Wort zuvor

Sie sind übergewichtig und möchten sportlich aktiv werden? Richtig so, denn alle, auch wir Pfundsfrauen, haben ein Recht auf Sport! Und hiermit sind wirklich dicke Menschen gemeint und nicht etwa Frauen, die sich dick fühlen, aber Kleidergröße 42 tragen. In Frauen- und Sportzeitschriften werden zwar eine Vielzahl an Übungen und Trainingsempfehlungen dargestellt, doch sind diese vor allem auf schlanke Menschen ausgerichtet. Und wer kann als Untrainierte mit 50 Kilogramm Übergewicht schon Liegestütz? Und was können Sie tun, wenn der Bauch im Weg ist?
Doch zum Glück gibt es Big Gym! Big Gym hilft Ihnen, Lust auf Bewegung zu bekommen und eine für Sie geeignete Sportart zu finden. Dabei geht es nicht darum, wie Sie am besten Ihr Gewicht reduzieren können. Ich möchte Ihnen vielmehr den Zusammenhang zwischen Sport und Gewichtsreduktion erklären und auf den Sinn oder Unsinn von bestimmten Übungen oder Trainingsformen hinweisen. Ob Sie sportliche Aktivitäten nutzen möchten, um abzunehmen, ist Ihre Entscheidung. Bewegung soll uns vor allem Spaß und Lust bereiten. Sie macht uns gesünder und leistungsfähiger, wir fühlen uns wohler und gehen aufrechter. Sport wirkt also bereits, bevor das erste Gramm verschwindet. Und vielleicht kann Ihnen Sport ein wenig dabei helfen, sich in Ihrer eigenen Haut wohler zu fühlen.
Mit der Zeit werden Sie feststellen, was Ihr Körper alles kann und zu welchen Bewegungen Sie fähig sind. Dick sein bedeutet nicht zwangsläufig, unsportlich zu sein. Vielleicht sind Sie unsportlich, weil Sie sich nicht bewegen. Oder Sie haben eine schlechte Haltung, weil Sie nicht auf sich achten. Aber das können Sie ändern! Manche Teilnehmerinnen erfahren nach Jahrzehnten zum ersten Mal, zu welch großartigen Leistungen ihr Körper fähig ist und dass er viel mehr Eigenschaften besitzt, als nur dick zu sein. Das Lächeln dieser Frauen und ihr wachsendes Vertrauen in sich selbst sind das größte Lob für mich. Ich hoffe, dass ich auch Ihnen Mut machen kann zu einem bewegteren Leben.

Dörte Kuhn
Hamburg, Januar 2004

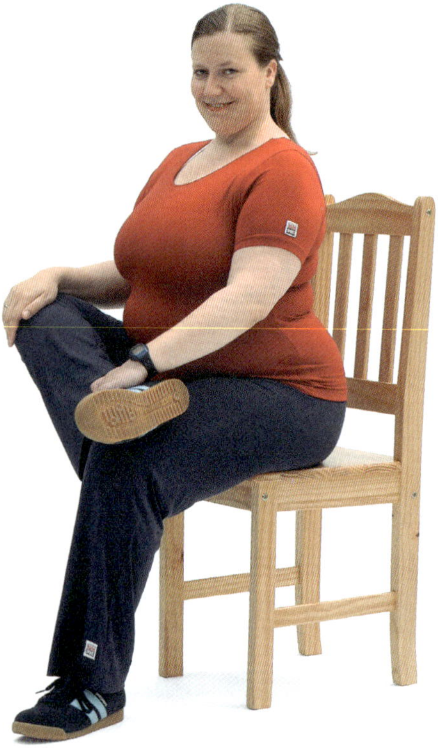

Übergewicht & Adipositas

Wissen Sie eigentlich, ab wann man von *Übergewicht* spricht? Und ab wann ein Mensch als adipös gilt? Die Definitionen dieser Begriffe und alles, was Sie zu den möglichen Folgen von Übergewicht wissen sollten, werde ich Ihnen nun erklären.

Was ist Adipositas?

Bei uns existieren verschiedene Begriffe, die Übergewicht beschreiben können: Obesitas, Fettleibigkeit, Fettsucht und Adipositas. Fettsucht ist dabei genau genommen ein irreführender Begriff, denn übergewichtige Menschen sind nicht «süchtig nach Fett». Am häufigsten wird im Alltag die Bezeichnung Übergewicht verwendet, in der Medizin spricht man von Adipositas.
Um das Maß des Übergewichts zu bestimmen, werden vor allem zwei Kriterien verwendet: der BMI und der Körperfettanteil.

Body Mass Index

Der BMI (Body Mass Index oder auf deutsch Körpermassenindex) setzt Ihr Gewicht in Relation zu Ihrer Körpergröße. Sie kennen diesen Wert sicherlich aus Frauen- oder Sportzeitschriften. Man errechnet ihn wie folgt:

$$\text{BMI} = \frac{\text{Körpergewicht in kg}}{\text{Körpergröße in m} \times \text{Körpergröße in m}}$$

Beispiel: Sie sind 1,70 Meter groß und wiegen 100 Kilogramm. Die Berechnung würde dann lauten:

$$\text{BMI} = \frac{100}{1{,}70 \times 1{,}70} = \mathbf{34{,}6}$$

Ihr BMI wäre also rund 35. Berechnen Sie nun Ihren eigenen BMI und schauen Sie einmal in der Tabelle nach, wo Sie sich wiederfinden.

BMI		Einteilung	WHO-Klassifikation
<19	=	Untergewicht	
19–25	=	Normalgewicht	
25–30	=	Übergewicht	
30–35	=	Adipositas	Adipositas Grad **I**
35–40	=	Adipositas	Adipositas Grad **II**
> 40	=	morbide (krankhafte) Adipositas	Adipositas Grad **III**

Nun stellen Sie sich einen Bodybuilder vor, der über und über mit Muskeln bepackt ist. Dieser Mensch hat mit Sicherheit einen BMI von über 25, oft sogar von über 30. Trotzdem würde kein Arzt diesen Bodybuilder als adipös bezeichnen, da er einen sehr geringen Körperfettanteil hat. Und eben dieser Körperfettanteil ist das zweite Kriterium, um Adipositas zu definieren.

Körperfettanteil

Der Körperfettanteil gibt Auskunft über das Verhältnis von Fett- und Magermasse eines Körpers. Dieser Wert kann auf verschiedene Arten ermittelt werden. Beim Arzt werden Ihnen dazu meist Elektroden an Fuß und Hand angelegt, durch die ein minimaler Schwachstrom geleitet wird. Da Fett- und Magermasse Strom unterschiedlich gut leiten, kann mit Hilfe der gemessenen Widerstände der Körperfettanteil berechnet werden. Dieses Verfahren nennt man Bioimpedanz-Analyse, kurz BIA.
In Studios und Vereinen gibt es häufig so genannte BIA-Waagen, die durch Elektroden auf der Wiegefläche eine individuelle BIA durchführen können. Nachdem Sie sich mit bloßen Füßen auf die Waage gestellt haben, wird auch hier ein schwacher Strom durch Ihren Körper geleitet und der Körperfettanteil errechnet. Hierbei wird vor allem der Körperfettanteil der unteren Extremitäten gemessen.
Mittlerweile gibt es im Handel ein

Gerät, das zur Messung in den Händen gehalten wird. Bei dieser Methode wird vor allem der Körperfettanteil der oberen Extremitäten angezeigt.

Die Waagen und Handgeräte sind im Handel erhältlich und für die tägliche oder wöchentliche Messung zu Hause völlig ausreichend, da sie nur um zirka 10 % von den Werten abweichen, die ein Arzt ermitteln kann.

Wenn Sie sich an die Empfehlungen des Herstellers für das Messen halten, sind die so errechneten Werte ein guter Anhaltspunkt. Orientieren Sie sich dabei nicht zu genau an den Zahlen, denn bereits ein leicht veränderter Flüssigkeitshaushalt kann das Ergebnis verfälschen.

Haben Sie einen BMI von 30 oder mehr und einen Körperfettanteil von mehr als 20 % als Mann beziehungsweise mehr als 25 % als Frau, gelten Sie als adipös (Wirth 2002).

Tipp

→ Messen Sie, wenn Sie die Möglichkeit dazu haben, Ihren Körperfettanteil immer zur selben Zeit, zum Beispiel immer morgens, bevor Sie etwas gegessen oder getrunken haben. Dann ist auch Ihr Flüssigkeitshaushalt gut vergleichbar.

→ Wenn Sie abnehmen möchten, sollten Sie sich höchstens einmal in der Woche wiegen und den Körperfettanteil ermitteln lassen. Notieren Sie diese Werte in eine Tabelle. Sie können dann wunderbar verfolgen, wie sich Ihre Werte verändern.

Ursachen von Adipositas

Starkes Übergewicht kann viele Ursachen haben. In den wenigsten Fällen gibt es bei dicken Menschen nachweisbare Krankheiten beziehungsweise physiologische Störungen des Körpers, wie zum Beispiel einen Mangel an Wachstumshormonen. Man geht jedoch davon aus, dass häufig eine genetische Veranlagung vorliegt. Je nach Ausprägung der Adipositas und der Art der Fettverteilung wird vermutet, dass der genetische Anteil zwischen 25 % und 50 % liegt. Die häufigsten Ursachen sind aber sicherlich körperliche Inaktivität und Überernährung.

Info Oft wird in den Medien darüber diskutiert, ob es eine so genannte «dicke Persönlichkeit» gibt. Dabei wird vermutet, dass einige besondere Persönlichkeitsmerkmale typisch für dicke Menschen seien. Es konnten jedoch keine Unterschiede zwischen Normal- und Übergewichtigen nachgewiesen werden. Früher dachte man zum Beispiel, dass Depressionen eine Ursache von Adipositas seien. Heute ist jedoch bekannt, dass Depressionen meist die Folge von zu hohem Gewicht sind. «Typisch dick – total neurotisch» ist also eine falsche Aussage. Hören Sie nicht auf solche Äußerungen. Sie wissen es jetzt besser.

Folgen von Adipositas

Mit steigendem Gewicht erhöht sich Ihr Risiko, eine Vielzahl von Krankheiten zu erleiden. Wichtig für die Ermittlung Ihres Erkrankungsrisikos ist nicht allein der BMI und der Körperfettanteil. Zusätzlich zur Diagnose Adipositas sollte immer die Fettverteilung bestimmt werden.

Apfel- und Birnenform

Es werden zwei typische Fettverteilungsmuster beim menschlichen Körper unterschieden. Sie kennen sicherlich die Bezeichnungen Apfel- beziehungsweise Birnenform.
Unter der Apfelform versteht man eine Fettansammlung vorrangig am Bauch. Daher nennt man dieses Verteilungsmuster auch abdominale (von Abdomen = Bauch) Adipositas oder, weil besonders häufig Männer davon betroffen sind, androide Adipositas.
Die Birnenform wird auch periphere oder gluteal-femorale Adipositas genannt. Gluteal bedeutet die Po-Region betreffend, femoral bedeutet weiblich. Damit ist also das typisch weibliche Modell, vergleichbar einer römischen Amphore, gemeint.
Wozu Sie gehören, können Sie leicht anhand Ihres Waist-Hip-Ratio oder, auf deutsch, Ihres Taillen-Hüft-Quotienten ermitteln.

Taillen-Hüft-Quotient: $\frac{\text{Taillenumfang}}{\text{Hüftumfang}}$

Messen Sie Ihren Taillen- und Ihren Hüftumfang und teilen Sie den Taillenumfang durch den Hüftumfang. Suchen Sie Ihren Wert in der folgenden Tabelle.

	Männer	Frauen
Apfelform	>1	>0,85
Birnenform	<1	<0,85

Risiken von Adipositas

Bei einer abdominalen Adipositas ist das Risiko wesentlich größer, an Diabetes, Fettstoffwechselstörungen, Gefäßkrankheiten und Bluthochdruck zu erkranken.
Bei der peripheren Adipositas ist das Risiko zum Beispiel für Wassereinlagerungen und Venenerkrankungen erhöht. Für beide Gruppen ist das Risiko, Arthrose zu bekommen, gleich groß.
Besonders für Frauen ist die Diagnose Adipositas von Bedeutung, denn Fruchtbarkeitsstörungen, vermehrte Komplikationen bei Schwangerschaft und bei der Geburt können die Folge sein.

→ Generell gilt: Je länger Sie Ihr Übergewicht haben und je größer dies ist, desto risikoreicher leben Sie.

Häufig sind für Dicke die möglichen Krankheiten oder körperlichen Einschränkungen im Alltag aber nicht so bedeutend wie die soziale und gesellschaftliche Ächtung und Ausgrenzung. Haben Sie häufig den Eindruck, dass Ihnen nichts zugetraut wird, dass Sie wegen Ihres Aussehens beschimpft und schief angesehen werden? Es ist schwer, diese soziale Isolation zu durchbrechen.

→ Beginnen Sie dann ruhig zu Hause in Ihren vier Wänden mit den Bewegungsübungen und warten Sie ab, bis Sie sich trauen, an einer Gymnastikstunde oder Ähnlichem teilzunehmen.

→ Aber ich kann Ihnen eines versichern: Sie können sich bewegen, und Sie können Sport machen. Genauso wie alle Schlanken, nur manchmal etwas anders.

Übergewicht & Sport

Sport hat bei Übergewichtigen prinzipiell dieselben positiven Auswirkungen wie bei Normalgewichtigen. Aber einige der möglichen körperlichen und emotionalen Verbesserungen sind gerade für dicke Menschen umso wichtiger.
Hier einige Beispiele:

- → Mit zunehmendem Gewicht steigt das Risiko für Bluthochdruck. Regelmäßig durchgeführter Ausdauersport kann Bluthochdruck jedoch wieder normalisieren.
- → Übergewicht erhöht ganz wesentlich das Diabetes-Risiko. Regelmäßig durchgeführtes Herz-Kreislauftraining hat eine regulierende Wirkung auf den Insulin- und Blutzuckerhaushalt.
- → Gerade bei dicken Frauen ist die Gefahr von Gefäßerkrankungen, zum Beispiel der Beinvenen, erhöht, und auch hier hat Sport eine Verringerung der Erkrankungswahrscheinlichkeit zur Folge.

Es gibt verschiedene wissenschaftliche Studien, die belegen, dass mäßig Übergewichtige bis zu einem BMI von 30, die sich regelmäßig sportlich betätigen, gesünder sind als Normalgewichtige, die sich nicht regelmäßig sportlich betätigen. Sport macht uns also (sinnvoll betrieben) auf jeden Fall gesünder und vor allem: Sport macht Spaß! Und vielleicht führt dieses Buch dazu, dass Sie nicht nur alleine zu Hause aktiv werden. Denn wenn Sie feststellen, dass Sie viel mehr können, als Sie gedacht haben, und spüren, wie gut es sich anfühlt, sich wieder mehr zu bewegen, ist der Schritt in eine Gruppe (vielleicht speziell für Dicke) nur noch ganz klein.

- → Dennoch bleibt Übergewicht immer ein Risikofaktor für eine Vielzahl von Erkrankungen.

Einschränkungen durch Übergewicht

Übergewicht bringt unter Umständen nicht nur bestimmte Erkrankungen mit sich, sondern auch vielerlei Einschränkungen im Alltag und im Sport. Am offensichtlichsten ist die so genannte Weichteilsperre, kurz: Fett, das im Weg ist. Wo es Ihnen im Weg ist, hängt davon ab, wie viel Übergewicht Sie haben und welchem Fettverteilungsmuster Sie entsprechen.

Weichteilsperre

Bei der androiden Fettverteilung, also der Apfelform, ist meist der Bauch im Weg. Sie benötigen beim Vorbeugen für Ihren Bauch Platz zwischen den Beinen. Wenn Sie in Rückenlage die Knie an den Bauch ziehen wollen, müssen Sie die Beine öffnen, damit es funktioniert.
Bei der gluteal-femoralen Fettverteilung, also der Birnenform, sind meist die Oberschenkel im Weg oder der Po stört. Wenn Sie im Stand ein Bein beugen und das Fußgelenk fassen wollen, brauchen Sie zum Beispiel ein Handtuch als Hilfsmittel. Vielleicht gehören Sie auch zu den Mischformen und sind bereits durch Ihren Bauch und Ihre Oberschenkel eingeschränkt.

Bei vielen Bewegungsabläufen kommt es wegen dieser Weichteilsperren zu Problemen. Bestimmte Haltungen können nur schwer oder gar nicht eingenommen werden. Deshalb werden bei einigen Übungen zum Beispiel Handtücher oder Therabänder als Hilfsmittel eingesetzt. In Aerobic-Stunden gibt es ebenfalls bestimmte Schrittmuster, die nur eingeschränkt durchführbar sind. Beim «Grapevine», bei dem die Beine überkreuzt werden, haben viele Frauen mit dicken Beinen Probleme. Ebenso beim Radfahren und beim Walken. Je dicker die Beine sind, desto leichter scheuern die Oberschenkel wund. Je mehr Fett an Rumpf und Oberarmen ist, desto leichter scheuert es auch hier. Dabei hilft nur günstig geschnittene Kleidung und ein vernünftiges «scheuerfreies» Maß an Bewegung.

Gelenke

Dass viele Übergewichtige Probleme mit den Knien, den Sprunggelenken und den Hüften haben ist bekannt. Aber was können sie dagegen tun? Gerade bei Arthrose, also Gelenkverschleiß, gilt: Bewegung ist wichtig, um den Knorpel ausreichend und gleichmäßig mit Gelenkflüssigkeit zu versorgen. Und trotzdem sollen die Gelenke dabei möglichst wenig belastet werden.
Das ist möglich,

- → indem die Aufprallbelastung gering gehalten wird, das heißt zu walken statt beispielsweise zu laufen.
- → indem nur Positionen eingenommen werden, die eine korrekte, also achsengerechte Belastung erlauben. Das ist bei langsamen, kontrollierten Bewegungsformen wie zum Beispiel beim Qi Gong natürlich eher der Fall als beim Squash.

Bereits vorhandene Schäden besonders im Kniegelenk, wie zum Beispiel die Knorpelerweichung des Kniescheibenknorpels, führen aber auch dazu, dass einige Positionen bei Kräftigungs- oder Dehnungsübungen nur unter Schmerzen eingenommen werden können. So ist der 4-Füßler-Stand (siehe Seite 77) häufig nur mit Unterpolsterung oder auch gar nicht möglich.

Wirbelsäule

Je größer das Übergewicht, desto größer ist meist der Bauch und bei Frauen auch die weibliche Brust. Nun folgen sowohl Brust als auch Bauch der Schwerkraft und ziehen zum Boden. Das bedeutet, dass unser Rücken bei Übungen, aber auch im Alltag, enorm viel arbeiten muss, um uns trotzdem aufrecht zu halten. Da die Rückenmuskeln aber nur selten ausreichend stark sind, kommt es leicht zu einer dauerhaften Fehlhaltung:

- → Dort wo Bauch und Brust zum Boden ziehen, bekommen wir ein Hohlkreuz und einen Rundrücken. Um die Haltung wieder zu verbessern, muss entsprechend «gegen gearbeitet» werden. Sowohl der Bauch als auch der obere Rücken verdienen daher unsere besondere Aufmerksamkeit.
- → Andererseits haben viele, die einer vorwiegend sitzenden Tätigkeit nachgehen, das Problem, dass der untere Rücken beim dauernden Sitzen nicht ins Hohlkreuz kippt, sondern in

die entgegengesetzte Richtung wieder rund wird.

Beide Fehlhaltungen führen zu Veränderungen der Muskulatur: Muskeln verkürzen sich und schwächen ab. Wenn Sie nichts dagegen unternehmen, können auch so genannte strukturelle Veränderungen eintreten. Ein Beispiel dafür ist der Bandscheibenvorfall oder eine Arthrose der Wirbelgelenke.

Die weibliche Brust

Eine große weibliche Brust ist zwar schön anzusehen, bringt aber häufig auch Probleme mit sich. In Bauchlage bereitet der erhöhte Druck auf das Drüsengewebe oft Schmerzen, in Rückenlage kann eine große Brust in Richtung Kehlkopf kippen und somit das Atmen erschweren. Bei einigen Bewegungen ist durch das Brustgewebe der Bewegungsradius eingeschränkt, die Ellenbogen können häufig vor dem Körper nicht mehr zusammengeführt werden. Bei einer großen Brust ist das offensichtlichste Problem, einen passenden Sport-BH zu finden, da die meisten Frauen ohne diese Unterstützung Schmerzen haben. Aber auch für dieses Problem gibt es entsprechende Tipps und Tricks, die bei den jeweiligen Sportarten und Übungen zu finden sind.

Rotationsfähigkeit

Dieses Problem tritt nur beim Tanzen oder in Aerobic-Stunden auf. Denn je mehr Masse Sie haben, umso mehr Masse müssen Sie auch bewegen. Dass Masse träge ist, fällt besonders bei Drehungen auf, wenn alle Schlanken um Sie herum eine ganze, aber Sie in derselben Zeit nur eine $^3/_4$-Drehung schaffen.

→ Mein Tipp schon an dieser Stelle: Lassen Sie die Drehung weg oder spielen Sie langsamere Musik.

Der Gleichgewichtssinn

Machen Sie sich keine Sorgen wegen Ihres Gleichgewichts. Viele Dicke haben zwar Angst davor, ihren Körper ausbalancieren zu müssen, tatsächlich haben aber nur wenige echte Gleichgewichts-Störungen.

→ Je öfter Sie Ihren Gleichgewichtssinn trainieren, desto leichter wird es Ihnen fallen, Ihr Gleichgewicht auch zu halten.

Leistungsfähigkeit

Mangelnde Leistungsfähigkeit ist kein typisches Dicken-Problem, aber die Mehrzahl der dicken Menschen treibt wenig oder gar keinen Sport und so ist mangelnde Fitness die logische Folge. Sie brauchen sich daher nicht zu wundern, wenn Sie sich unfit fühlen.

→ Das Schöne daran: Sie können es ändern.

Die Motivation

Bei Untersuchungen stellt sich immer wieder heraus, dass die soziale Isolation von vielen Übergewichtigen als das größte Problem empfunden wird. Auf der Straße werden sie oft als «fette Sau» beschimpft, manchmal von den Freunden als disziplinlos bezeichnet und vom eigenen Partner vielleicht noch als «ekelig» empfunden. In den Medien werden sie als antriebsarm und willensschwach dargestellt – und da wundern sich Schlanke, dass sich viele dicke Menschen nichts mehr zutrauen? Woher sollen wir Dicken denn das Gefühl haben, dass wir auch etwas können und auch jemand sind?
Es mag banal klingen, aber Tatsache ist:

→ Sie sind einzigartig, ganz egal ob Sie dick oder dünn sind. Und Sie können alles, was Schlanke auch können, nur manchmal ein wenig anders.
→ Auch wenn Sie bereits zwanzig verschiedene Diäten ausprobiert haben, immer noch dick sind und mittlerweile vielleicht wirklich glauben, Sie wären eine Versagerin:
Ich kann Ihnen versichern, dass Sie keine Versagerin sind. Vertrauen Sie auf sich, auf Ihre Kräfte und auf Ihren Körper. Sie müssen sich nur trauen. Machen Sie zu Beginn kleine Schritte, nehmen Sie sich nicht gleich den nächsten Marathon vor.
→ Mit den ersten Erfolgserlebnissen wird Ihre Motivation bereits enorm wachsen.

Welche Sportart

ist die richtige für Sie?

Am wichtigsten erscheint mir, dass Ihnen die Bewegungsform gefällt. Wenn Sie Fahrradfahren noch nie leiden konnten, macht es wenig Sinn, in eine Indoor-Cycling-Stunde zu gehen. Wenn Sie aber Spazierengehen bereits von klein auf mochten, liegt es nahe, mit Walking in der freien Natur oder einem Training auf dem Walker im Studio zu starten. Vielleicht ist es bei Ihnen aber auch Inlineskating, Aerobic oder Schwimmen. Lassen Sie sich nicht einreden, Sie müssten unbedingt diese oder jene Sportart machen. Nur wenn Sie an Ihrem Sport Spaß haben, werden Sie auch regelmäßig trainieren. Und das allein zählt.

Bei der Art des Sports ist es wichtig für Sie zu wissen, welche Auswirkungen er auf Ihren Körper hat. Daher werde ich Ihnen die drei Trainingsbereiche Ausdauertraining, Kräftigungstraining und Flexibilitätstraining näher erläutern. Zu den Bereichen Gleichgewichts- und Entspannungstraining finden Sie in den entsprechenden Kapiteln Genaueres.

Ausdauertraining

Beim Ausdauertraining trainieren wir unseren Herzmuskel. Je geübter unser Herz ist, desto besser und energiesparender kann es arbeiten. Ein Ausdauertraining zielt darauf ab, einen längeren Zeitraum ohne Luft-Probleme mehr als $^{1}/_{6}$ der gesamten Skelettmuskulatur zu bewegen. Man nennt diese Bewegungen auch Ganzkörperbewegungen. Hierzu gehören zum Beispiel Walken, Laufen, Radfahren und auch Aerobic. Wenn wir nicht gut trainiert sind oder das Training oder die Sportart zu anstrengend für unseren Fitness-Level ist, kommen wir aus der Puste. Unser Herz muss sehr schnell pumpen, damit möglichst viel Sauerstoff pro Minute zu den Muskelzellen transportiert werden kann: Das Herz rast.

Es gibt verschiedene Arten von Ausdauer, die unterschiedlich trainiert werden müssen:

→ die allgemeine aerobe Ausdauer und

→ die allgemeine anaerobe Ausdauer.

Um zu verstehen, wie sich diese beiden Ausdauerarten unterscheiden, muss man ein wenig über die Energiegewinnung unserer Zellen wissen.

Die Energiegewinnung

Um Energie zu gewinnen, hat unser Körper zwei verschiedene Möglichkeiten: die anaerobe und aerobe Energiegewinnung.

Anaerobe Energiegewinnung

Bei der anaeroben Energiegewinnung wird der in unserem Körper in Muskeln oder Leber gespeicherte Zucker (das Glykogen) oder der in unserem Blut vorhandene Zucker (die Glukose) verwertet. Diese Art der Energiegewinnung wird auch anaerobe Glykolyse genannt. Anaerob kommt aus dem Griechischen und bedeutet «ohne Sauerstoff», denn wir benötigen für diesen Vorgang keinen Sauerstoff. Durch den anaeroben Abbau von Glukose entsteht Milchsäure, das Laktat. Wird zu viel Energie auf anaerobem Weg gewonnen, steigt der Milchsäurespiegel im Blut an. Wenn dieser einen bestimmten Bereich überschreitet, spricht man von einer Übersäuerung der Muskulatur. Dabei wird die Energiegewinnung in der Zelle durch die entstandene Milchsäure eingeschränkt, die körperliche Arbeit kann nicht mehr lange geleistet werden. Sie kennen das bestimmt: Wenn Sie zum Beispiel zu schnell laufen, müssen Sie sehr bald wieder aufhören. Sie haben dann das Gefühl, tatsächlich nicht mehr laufen zu können. Ihnen bleibt die Luft weg, Ihr Herz rast. Dann ist Ihr Laktatspiegel im Blut zu hoch, Sie sind übersäuert.
Das Gute an der anaeroben Energiegewinnung ist jedoch, dass Ihr Körper Ihnen dadurch kurzfristig viel Energie zur Verfügung stellen kann.

Aerobe Energiegewinnung

Bei der aeroben Energiegewinnung werden neben dem Zucker zusätzlich Fettsäuren verwertet. Für diese Art des Stoffwechsels wird Sauerstoff benötigt, daher auch der Name der aeroben Energiegewinnung. Wir atmen dabei noch so viel Sauerstoff ein, wie unser Körper für die Energiegewinnung benötigt. Als grobe Richtlinie sagte man früher «Laufen ohne Schnaufen», denn bei einer aeroben Belastung kann die Intensität über einen längeren Zeitraum gehalten werden, wir kommen nicht außer Puste. Im Idealfall gewinnen wir die meiste

Energie während einer sportlichen Betätigung durch diese Art der Energiebereitstellung.
Die aerobe Energiegewinnung aus Zucker heißt aerobe Glykolyse, die aus Fettsäuren Lipolyse.

Die Fettverbrennung

Die aerobe Energiegewinnung aus Fettsäuren ist für unseren Körper die effektivste Art, da Fett eine sehr hohe Energiedichte hat. Wir beziehen die nötige Energie immer aus einer Kombination der anaeroben und der aeroben Energiegewinnung. Doch je nachdem wie stark wir uns belasten, sind die jeweiligen Anteile unterschiedlich. Die weitläufige Meinung, dass erst nach 20 Minuten die Fettverbrennung einsetzt, ist falsch. Sie läuft bereits zu Beginn eines Trainings ebenso wie im Alltag. Allerdings erhöht sich (bei einem entsprechend moderaten Aufwärmen) der Anteil der Fettverbrennung ab zirka 20 Minuten. Wie hoch dieser Anteil ist, hängt davon ab, wie gut Ihr Körper trainiert ist und wie hoch die Belastung ist. Müssen Sie sich zum Beispiel beim Laufen zu sehr anstrengen, sinkt der Anteil der Fettverbrennung. Erinnern Sie sich noch an die Milchsäure, das Laktat? Wenn der Milchsäurespiegel im Blut einen bestimmten Bereich überschreitet, wird die Energiegewinnung durch Fettsäuren zuerst eingeschränkt, später eingestellt. Das Laktat stört die nötigen chemischen Prozesse. Um also eine optimale Fettverbrennung zu erreichen, dürfen Sie nicht zu intensiv trainieren. Was das in Zahlen ausgedrückt für Ihren Puls bedeutet, erfahren Sie im folgenden Kapitel.

Nun ist es aber so, dass wir umso mehr Kilokalorien verbrauchen, je mehr wir uns anstrengen müssen. Wenn Sie abnehmen möchten, müssen Sie also mehr verbrauchen, als Sie zu sich nehmen. Was liegt da näher, als zum Beispiel so schnell wie möglich zu laufen oder zu radeln?
Leider ist diese Überlegung aus folgendem Grund nicht richtig: Wenn Ihre Fettzellen zur Energiegewinnung nicht mehr genutzt werden können, weil Ihr Laktatspiegel zu hoch ist, verbraucht Ihr Körper alle Zucker-Vorräte, die er hat. Wenn diese aufgebraucht sind, gibt es nur noch eine Not-Reserve: Ihr Eiweiß, also Ihre Muskeln. Und Muskelabbau ist doch nicht das, was Sie wollen, oder? Aber woran können Sie erkennen, ob Sie richtig trainieren? Nutzen Sie Ihren Puls!

Die Herzfrequenzmessung

Mit Hilfe Ihres Pulses können Sie jederzeit überprüfen, ob die Intensität Ihres Trainings stimmt. Um herauszufinden, wie hoch Ihr Puls sein darf, gibt es mehrere Möglichkeiten:

- → Sie können beispielsweise eine Grafik nutzen, um die ungefähren Werte der Ober- und Untergrenze Ihrer Trainingsherzfrequenz abzulesen (siehe Abbildung Seite 30).
  Suchen Sie auf der X-Achse Ihr Alter und wandern Sie senkrecht nach oben. Wenn Sie die Unter- beziehungsweise Obergrenze Ihrer Zielzone erreicht haben, können Sie auf der Y-Achse die Herzfrequenzwerte ablesen.
- → Sie können verschiedene Formeln nutzen oder
- → Ihre optimale Trainingsherzfrequenz durch eine spezielle Uhr ermitteln.
- → Im Idealfall lassen Sie einen Laktattest beim Sportmediziner durchführen. Hierbei sitzen Sie auf einem Fahrrad oder gehen auf einem Laufband. Während in regelmäßigen Abständen die Belastung ansteigt, wird Ihr Puls gemessen sowie immer wieder ein Tropfen Blut abgenommen, um Ihre Laktatwerte zu ermitteln. Die Werte werden in ein Diagramm eingetragen und auf dieser Grundlage Ihr Trainingspuls ermittelt. Obwohl dieser Test nicht besonders aufwändig ist, wird er von erstaunlich wenigen Sportlerinnen genutzt.

Nachfolgend erfahren Sie, welche Puls-Bereiche es gibt und wie Sie Ihren erwünschten Trainingspuls ohne fremde Hilfe ermitteln können.

Richtig Pulsmessen

Falls Sie keine Pulsuhr besitzen, müssen Sie Ihren Puls durch Ertasten an der Kieferbeuge oder am Handgelenk messen. Diese Art der Pulsmessung nennt sich palpatorisches Messen. Hierzu suchen Sie, während Sie sich bewegen, mit den Fingern Ihren Puls an der Handgelenkinnenseite oder in der Kieferbeuge (benutzen Sie nicht den Daumen, da dieser einen spürbar eigenen Puls hat). Wenn Sie Ihren Pulsschlag gefunden haben, bleiben Sie kurz stehen und zählen

diesen 15 Sekunden lang. Bewegen Sie sich nach der Messung gleich weiter. Nehmen Sie den gezählten Wert mal vier, sodass Sie die Anzahl der Herzschläge in der Minute haben.
Sie sollten bei diesem Vorgang keine Musik hören, da Sie sonst leicht die Taktschläge je Minute anstelle Ihres Pulses zählen. Ebenso sollten Sie nicht weiter walken oder radeln, da Sie auch hierbei meist die Anzahl der Schritte beziehungsweise die Trittfrequenz statt der Pulsschläge zählen.

Formeln

Um berechnen zu können, wie hoch der Puls während Ihres Trainings sein sollte, benötigen Sie Ihre maximale Herzfrequenz. Diese kann durch einen Belastungstest ermittelt werden. Dabei würden Sie zum Beispiel so schnell laufen, wie Sie können, und dann Ihren Puls messen. Das ist allerdings nicht nur ungenau, sondern auch zum Beispiel bei Bluthochdruck oder ähnlichen Erkrankungen gefährlich.
Sie können Ihre **maximale Herzfrequenz (MHF)** auch mit der an

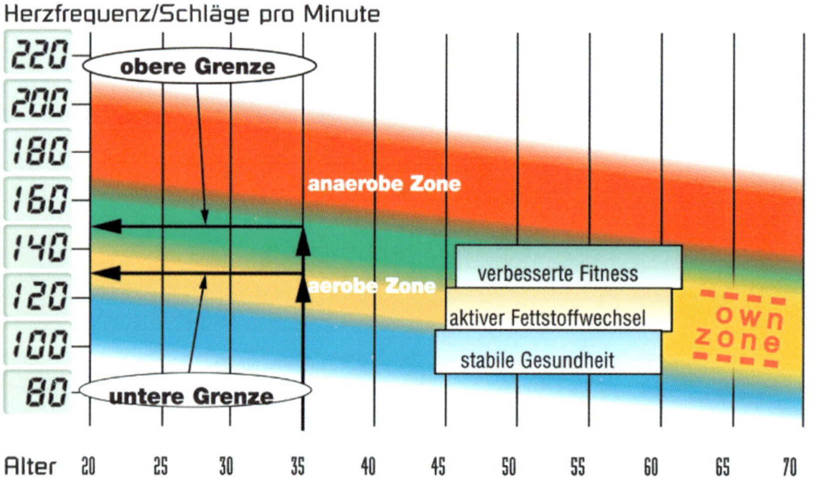

Zielzonendiagramm Suchen Sie auf der X-Achse Ihr Alter und wandern Sie senkrecht nach oben. Wenn Sie die Unter- beziehungsweise Obergrenze Ihrer Zielzone erreicht haben, können Sie auf der Y-Achse die Herzfrequenzwerte ablesen (Grafik Polar).

Ihr Alter angepassten Formel berechnen.

Für Frauen gilt:
MHF = 226 - Lebensalter

Für Männer gilt:
MHF = 220 - Lebensalter

Ein Rechenbeispiel:
Sie sind eine Frau und 32 Jahre alt. Dann wäre Ihre errechnete MHF:
226 - 32 = 194 Schläge pro Minute

Info Da Frauen und Männer unterschiedliche Herzen haben, werden unterschiedliche Ausgangswerte zugrunde gelegt. So ist ein Frauenherz von Natur aus darauf ausgerichtet, im Falle einer Schwangerschaft entsprechend mehr pumpen zu können, um über die Plazenta das Kind versorgen zu können.

Nun kennen Sie Ihre maximale Herzfrequenz. Das ist der Ausgangswert für die weiteren Berechnungen. Je nachdem welches Ziel Sie mit einem Ausdauertraining verfolgen, sollte nun Ihr Puls während des Trainings zwischen zirka 50 % und 80 % der maximalen Herzfrequenz liegen.

Diese Spannbreite wird in verschiedene Bereiche unterteilt:

→ **Gesundheitszone**
  zirka **50 % - 60 % der MHF**
→ **Extensive Grundlagenausdauer/ Fettverbrennungszone**
  zirka **60 % - 70 % der MHF**
→ **Intensive Grundlagenausdauer/ aerobe Zone**
  zirka **70 % - 80 % der MHF**

Lassen Sie sich nicht von dem Begriff aerobe Zone täuschen, denn auch in der Fettverbrennungs- und Grundlagenausdauer-Zone trainieren Sie überwiegend aerob. Es werden oft sehr ähnliche Wörter verwendet, lassen Sie sich davon nicht verwirren.

Die Gesundheitszone

Wenn Sie in diesem Bereich trainieren, wird bereits Ihr Herzkreislaufsystem gestärkt und Ihr Wohlbefinden gesteigert. Sie werden einen großen Teil der nötigen Energie aus der Verbrennung von Fettsäuren gewinnen.

→ Und das besonders Gute daran: Bei einem Training in der Gesundheitszone können Sie auch als völlige Anfängerin lange durchhalten!

Deswegen beginnen viele in diesem Bereich zu trainieren.

Wenn Sie starkes Übergewicht haben, kann es allerdings sein, dass Sie es selbst beim langsamen Walken nicht schaffen, Ihren Puls in dieser Zone zu halten. Denn je mehr Sie wiegen, desto mehr muss Ihr Körper arbeiten und desto höher steigt der Puls auch bei leichten Bewegungen.

Mein Tipp Gehen Sie dann locker spazieren.

Setzen Sie in der Formel Ihre persönlichen Werte ein und berechnen Sie Ihre Trainingsherzfrequenz (THF) in der **Gesundheitszone**:

			Ihre Werte
Unterer Wert	=	max. HF x 0,5	___________
Oberer Wert	=	max. HF x 0,6	___________

Grundlagenausdauer – Fettverbrennungszone

In dieser Zone trainieren Sie sowohl Ihre Grundlagenausdauer als auch Ihren Fettstoffwechsel. Häufig wird jedoch nur von Fettstoffwechseltraining gesprochen, so als würde Ihr Herz dabei nicht trainiert.
Doch das Gegenteil ist der Fall:

→ In dem Bereich von 60 % – 70 % der maximalen Herzfrequenz findet das entscheidende Grundlagentraining für Ihr Herz statt. Es wird kräftiger und somit später in der Lage sein, auch höhere Belastungen durchzuhalten.

→ Dafür ist es wichtig, dass Sie als Anfängerin einen längeren Zeitraum in dieser Zone trainieren. Das Ziel sollte drei- bis viermal die Woche ein Training von 60 Minuten sein. Dann wird sowohl Ihr Fettstoffwechsel als auch Ihr Herzkreislaufsystem optimal geübt. Anfangs werden Sie vielleicht nur zehn Minuten schaffen. Dann legen Sie eine kleine Pause ein und beginnen wieder von vorn.

Setzen Sie in die Formel Ihre persönlichen Werte ein und berechnen Sie Ihre Trainingsherzfrequenz in der **Grundlagenausdauer/Fettverbrennungszone:**

			Ihre Werte
Unterer Wert	=	max. HF x 0,6	__________
Oberer Wert	=	max. HF x 0,7	__________

Intensive Grundlagenausdauer – Aerobe Zone

In diesem Bereich sollten Sie erst trainieren, nachdem Sie bereits eine Zeit lang Ihre Grundlagenausdauer verbessert haben. Ein Training in dieser Zone hat nicht nur positive Auswirkungen auf Ihr Herz, sondern auch auf Ihr Atmungssystem. Langfristig sollten Sie daher auch in dieser Zone trainieren. Der Anteil der Fettverbrennung sinkt in diesem Bereich wieder, aber Sie werden Ihre Ausdauer verbessern.

Setzen Sie in die Formel Ihre persönlichen Werte ein und berechnen Sie Ihre Trainingsherzfrequenz in der Grundlagenausdauer/aeroben Zone:

			Ihre Werte
Unterer Wert	=	max. HF x 0,7	__________
Oberer Wert	=	max. HF x 0,8	__________

Über einen Wert, der höher als 80 % Ihrer maximalen Herzfrequenz liegt, sollten Sie während Ihres Trainings nicht kommen. Denn dann arbeiten Sie im anaeroben Bereich (siehe Energiegewinnung) und können die Belastung nicht lange durchhalten.

Ruhepuls-Formel

Unter Ruhepuls versteht man den Puls, den Sie morgens im Bett vor dem Aufstehen haben. Er liegt meist zwischen 60 und 80 Schlägen in der Minute, kann bei sehr gut Trainierten aber auch wesentlich niedriger liegen. Der Ruhepuls ist abhängig von Ihrem Geschlecht, Ihrem Lebensalter, Ihrer Herzgröße, Ihrem Gesundheitszustand sowie Ihrer Leistungsfähigkeit. Messen Sie zwei Wochen lang jeden Morgen Ihren Ruhepuls und bilden Sie einen Durchschnittswert. Dann können Sie für die Ermittlung Ihrer Trainingsherzfrequenz auch die folgende Formel, die so genannte Karvonen-Formel, nutzen. Sie ist durch die Einbeziehung des Ruhepulses genauer als die oben genannte. Sie benötigen für die Karvonen-Formel die maximale Herzfrequenz, wie wir sie bereits oben berechnet haben, sowie Ihren Ruhepuls.

Trainingsherzfrequenz = [(max. Herzfr. – Ruhepuls) x Intensität in %] + Ruhepuls

Das hört sich komplizierter an, als es ist. Wenn Sie die Klammer beachten, kann nicht viel schief gehen. Ich werde es Ihnen an einem Beispiel vorrechnen: Nehmen wir an, eine 32-jährige Frau hat einen Ruhepuls von 80 Schlägen in der Minute und möchte mit einer Intensität zwischen 60 % und 70 % trainieren. Dann sähe die Formel so aus:

Maximale Herzfrequenz (MHF) = 226 - 32 = 194

THF = [(194 - 80) x 0,6] + 80
= [114 x 0,6] + 80
= 68,4 + 80
= 148,4

Die **untere** Grenze beträgt also **148** Schläge pro Minute.

Die gleiche Rechnung für den oberen Wert sieht dann so aus:

THF = [(194 - 80) x 0,7] + 80
= [114 x 0,7] + 80
= 79,8 + 80
= 159,8

Der **obere** Wert beträgt **160** Schläge pro Minute. Diese Frau sollte daher während des Trainings einen Puls zwischen 148 und 160 Schlägen pro Minute haben.

Die OwnZone

Die Formeln, anhand deren Sie eben Ihre Grenzwerte für die einzelnen Zonen berechnet haben, sind natürlich nur Näherungswerte. Dass nicht alle Menschen mit diesen Formeln «richtig» trainieren können, leuchtet ein, da sie sich durch ihr Alter, ihre Größe, ihr Gewicht und ihre Fitness unterscheiden. Zudem ist natürlich auch die Leistungsfähigkeit unseres Herzens von der Tagesform abhängig.
Es gibt jedoch eine Möglichkeit, Ihre Werte ganz individuell ermitteln zu lassen, ohne einen Laktattest bei einem Sportmediziner durchführen zu lassen. Und zwar so individuell, dass Sie sogar Ihre Tagesform berücksichtigen können. Dazu benötigen Sie eine entsprechende Pulsuhr der Firma Polar, denn bisher bietet sie als einziger Hersteller in Deutschland Messgeräte mit dieser Funktion an. Diese Uhren mit der so genannten OwnZone-Funktion ermitteln für jeden Menschen die persönliche optimale Trainingsherzfrequenz. Sie benötigen höchstens zehn Minuten, in denen Sie Ihre Bewegungsintensität langsam steigern. Die Uhr zeigt Ihnen dann auf dem Display Ihre OwnZone an, in der Sie dann während des folgenden Trainings trainieren sollten. Sie können zu Beginn jeder Trainingseinheit die OwnZone ermitteln lassen. Die Anschaffung einer solchen Uhr kostet etwa € 130,– , aber ich kann Ihnen versichern, dass es sich lohnt. Bei einigen Modellen können Sie sogar einstellen, ob Sie heute eher im unteren oder im oberen Intensitätsbereich sporteln wollen. Die Uhr zeigt dann sogar noch genauere Trainingsgrenzen an.
Zusätzlich können Sie mit diesen Uhren Ihren momentanen Fitness-Level, den Own Index, ermitteln. Wenn Sie diesen Index regelmäßig alle vier Wochen feststellen, werden Sie schnell eine Verbesserung Ihres entsprechenden Wertes sehen. Notieren Sie sich die Zahlen und staunen Sie über die Veränderungen.
Wichtig für diejenigen von Ihnen, die gerne abnehmen möchten: die OwnZone-Uhren geben Ihnen nach dem Sport auch relativ genau Ihre verbrauchte Kilokalorien-Menge an.

Wenn Ihnen die Anschaffung einer OwnZone-Uhr zu teuer ist,

sollten Sie sich auf jeden Fall eins der günstigeren Modelle zulegen. Diese können zwar nicht die OwnZone ermitteln, messen jedoch EKG-genau Ihre Herzfrequenz während des Trainings und geben teilweise einen Signalton ab, wenn Sie sich über Ihrem eingegebenen oberen beziehungsweise unter Ihrem unteren Grenzwert befinden.

Folgende Dinge sind beim Kauf einer Pulsuhr zu beachten:

→ Der elastische Gurt sollte in der Größe L mitgeliefert werden oder zumindest zusätzlich erhältlich sein, ansonsten wird er beim Tragen zu eng und führt zu unangenehmen Druckstellen. Die häufig mitgelieferte Standard-Größe ist M!
→ Das Gerät sollte EKG-genau sein.
→ Achten Sie auf ein gut lesbares Display, das beleuchtet werden kann.
→ Im Idealfall hat die Uhr eine OwnZone-Funktion, ansonsten wählen Sie ein Modell mit einstellbarer Unter- und Obergrenze und Signalton.
→ Die Pulsuhr sollte wasserdicht sein.

Was mit regelmäßigem Ausdauertraining erreicht werden kann

Ausdauertraining
→ wirkt regulierend auf den Blutdruck. Ein erhöhter Blutdruck (Hypertonie) kann gesenkt, ein zu niedriger Blutdruck (Hypotonie) kann stabilisiert werden.
→ senkt die Blutfettwerte, erhöht aber dabei den Anteil des «guten» LDL-Cholesterins.
→ hilft beim Abnehmen, denn es erhöht den Verbrauch von Kilokalorien.
→ hilft, das Körpergewicht nach einem Gewichtsverlust zu stabilisieren.
→ führt bei einer Gewichtsabnahme zur Verringerung der Fettmasse und erhält einen möglichst hohen Anteil der Muskelmasse.

Was Ausdauertraining nicht kann

- Ausdauertraining ist kein Wundermittel: Wir können durch Ausdauertraining nicht generell abnehmen. Das funktioniert nur, wenn wir insgesamt mehr Kilokalorien verbrauchen, als wir uns durch unsere Nahrung zuführen. Sehen Sie mich an: Ich treibe sehr viel Sport und bin trotzdem übergewichtig. Würde ich meine Ernährung umstellen und weniger Kilokalorien zu mir nehmen, als ich verbrauche, dann könnte ich abnehmen. Wenn es Ihr Ziel ist, Ihr Gewicht zu reduzieren, sollten Sie sich auf jeden Fall auch Gedanken über Ernährung machen.
- Wenn Sie es schaffen, Ihr Gewicht durch Ernährungsumstellung und Sport zu reduzieren, können Sie sich aber leider nicht aussuchen, wo Sie dieses Gewicht verlieren. Bei manchen verschwindet der Bauch, bei anderen der dicke Po. In welcher Reihenfolge dies geschieht, ist in Ihrem genetischen Programm fest verankert. Normalerweise sind die weiblichen Polster an Hüfte und Po resistenter als der Bauchspeck, der wesentlich leichter und schneller verschwindet.
- Nicht immer verringert sich auch der Körperfettanteil. Das tritt nur dann ein, wenn Sie sinnvoll trainieren. Was das bedeutet, ist im Kapitel *Die Herzfrequenzmessung* erklärt.

Kräftigungstraining

Beim Kräftigungstraining wird die so genannte lokale Ausdauer trainiert, also zum Beispiel die Ausdauer eines Beinmuskels. Auch hierbei gibt es verschiedene Arten, die Ausdauerfähigkeit eines Muskels zu verbessern, zum Beispiel durch häufiges Wiederholen einer Übung mit wenig Widerstand (Kraftausdauertraining) oder durch ganz wenige Wiederholungen einer Übung mit einem hohen Widerstand (Maximalkrafttraining). Im Alltag ist Maximalkrafttraining nicht so wichtig, es sei denn, Sie heben oft sehr schwere Gegenstände.
Es gibt verschiedene Möglichkei-

ten des Kräftigungstrainings wie Gymnastik, Workout-Stunden oder ein Training an Geräten in einem Studio.

Was mit Kräftigungstraining erreicht werden kann

Kräftigungstraining

- kann die Leistungsfähigkeit und Belastbarkeit des gesamten Stütz- und Bewegungsapparates erhalten beziehungsweise verbessern, Muskulatur wird aufgebaut. Die Muskeln bekommen mehr Kraft.
- kann zu einer erhöhten Stabilität von Sehnen, Bändern und Knorpeln führen. Das hat unter anderem eine Stabilisierung der Gelenke zur Folge.
- erhöht die Knochendichte und verringert dadurch das Risiko, an Osteoporose zu erkranken.
- kann helfen, Haltungsschwächen zu vermeiden beziehungsweise auszugleichen.
- verbessert die Koordination der einzelnen Muskelanteile sowie die Koordination verschiedener Muskeln untereinander.
- kann die Körperwahrnehmung und das Körperbewusstsein verbessern.
- führt zu mehr Muskelmasse. Je mehr Muskelmasse wir besitzen, desto höher ist unser Grundumsatz. Ein erhöhter Grundumsatz macht es leichter, unser Gewicht zu halten beziehungsweise zu verringern.
- kann helfen, muskuläre Dysbalancen auszugleichen, wenn die zur Abschwächung neigenden Muskeln trainiert werden. Aber dafür ist oft auch ein verstärktes Flexibilitätstraining für die verkürzte Muskulatur nötig.

- Man spricht von muskulären Dysbalancen, wenn ein Muskel und sein Gegenspieler in einem unausgewogenen Verhältnis zueinander stehen, wenn sie also entweder zu kurz oder zu schwach sind. Zum Beispiel ist der Brustmuskel bei vielen Menschen zu kurz, der obere Rücken ist zu schwach. Das Ergebnis: Wir lassen das Brustbein sinken, und unser Rücken wird rund. Bei mangelnden Dehnungsreizen für den Brustmuskel und mangelnden Kräftigungsreizen für den oberen Rücken wird sich dieser Zustand immer weiter verschlechtern. Dann sind die Betreffenden auch mit viel Anstrengung nicht mehr in der Lage, ihren Rücken aufzurichten. Die Folge ist eine dauerhafte falsche Belastung unserer Wirbelsäule, die zu Schädigungen zum Beispiel der Bandscheiben führen kann.

- Muskeln, die zur Abschwächung neigen, sind zum Beispiel der Beinbeuger, die geraden und schrägen Bauchmuskeln, der lange Rückenstrecker im Bereich der Brustwirbelsäule und der große Gesäßmuskel.
- Muskeln, die zur Verkürzung neigen, sind zum Beispiel der Hüftbeuger, der Beinstrecker und der lange Rückenstrecker im Bereich der Halswirbelsäule.

Was Kräftigungstraining nicht kann

- Reines Kräftigungstraining führt normalerweise nicht zu einem Gewichtsverlust. Es kann sogar sein, dass es durch Aufbau von Muskulatur zu einer leichten Gewichtszunahme kommt.
- Auch durch noch so gutes Training der Bauchmuskulatur bekommt man nicht automatisch einen gut definierten Bauch. Ich sage auf Nachfragen stets, dass ich zwar ein so genanntes Sixpack habe, darüber aber etliche Zentimeter Speck liegen. Das bedeutet, dass man sehr gut trainiert sein kann, aber jemand anders dies nicht unbedingt sieht.
- Die Haut kann durch die bessere Durchblutung straffer werden und sich besser anfühlen, Orangenhaut verschwindet allerdings nicht. Der Grad einer Cellulitis ist zwar auch abhängig von der Veranlagung, sie kann generell aber nur dort auftreten, wo Fettzellen sind. Soll sie dauerhaft verringert werden, so hilft nur, die Anzahl der Fettzellen zu reduzieren, also abzunehmen.

Info Selbst das Argument, dass Sport per se schlecht für unsere Gelenke sei, ist mittlerweile widerlegt. Das erhöhte Verschleiß- und Verletzungsrisiko zum Beispiel der Knie ist zwar bei Mannschaftssportarten hinreichend belegt, nicht jedoch beim Laufen, Walken, Fitness- oder Aerobic-Training. Es ist vielmehr so, dass wir uns regelmäßig bewegen müssen, um unsere Gelenkknorpel richtig zu versorgen. Die Gelenkflüssigkeit wird unter Belastung vermehrt

gebildet und gleichmäßig im Gelenk verteilt. Der Knorpel kann sich dann mit dieser Flüssigkeit vollsaugen. Und nur dann kann er optimal als Puffer zwischen den Gelenkflächen arbeiten und die Reibung vermindern.
Aber Achtung: Sind die Knorpel bereits geschädigt, sollte auf jeden Fall vorher mit dem Arzt oder Physiotherapeuten abgeklärt werden, welche Sportarten und welche Bewegungen erlaubt beziehungsweise tabu sind!

Beweglichkeits- und Dehnungstraining

Hierunter sind alle Trainingsarten zu verstehen, bei denen die Dehnfähigkeit unserer Muskeln und die Beweglichkeit unseres gesamten Bewegungsapparates verbessert wird. Hierzu gehört sowohl das Dehnen zum Beispiel nach dem Walken als auch die Stretchingstunde im Fitnessstudio oder Verein.

Was mit Dehnübungen erreicht werden kann

Das Dehnen

- kann helfen, muskuläre Dysbalancen zu verringern, indem wir besonders die zur Verkürzung neigenden Muskeln dehnen. Aber dafür ist meist auch ein verstärktes Kräftigungstraining für die abgeschwächte Muskulatur nötig.
- kann die Beweglichkeit unseres passiven Bewegungsapparates, also der Gelenke und der Wirbelsäule, verbessern und erhalten.
- kann die Dehnfähigkeit unseres aktiven Bewegungsapparates, das heißt der Muskulatur, verbessern und erhalten.
- führt zu einer besseren Körperwahrnehmung und einem verbesserten Körperbewusstsein.
- kann sehr entspannend sein. Wichtig ist dabei, wie Sie dehnen und in welcher Atmo-

sphäre die Übungen stattfinden.

Was Dehnen nicht kann

- Durch regelmäßiges Dehnen bekommen Sie keine langen «schlanken» Muskeln. Welche Form und Ausprägung ein Muskel hat, wird durch seine Funktion und die Art des Kräftigungstrainings bestimmt.
- Dehnen führt zu keiner Gewichtsabnahme. Abnehmen können Sie nur, wenn Sie mehr Energie verbrauchen, als Sie sich zuführen. Und Dehnen verbraucht nicht viel Energie.
- Muskelkater kann durch Dehnen kaum verringert oder vermieden werden. Wenn eine Muskelfaser (das ist ein sehr kleiner Teil eines Muskels) bereits geschädigt ist, kann Dehnen die Schädigung sogar verstärken. Der Muskelkater wird schlimmer.

Info Früher dachte man, dass Muskelkater auf eine Übersäuerung der Muskulatur zurückzuführen sei. Heute ist bekannt, dass miniaturkleine Verletzungen, so genannte Mikrotraumen oder Mikroläsionen, diesen unangenehmen Zustand hervorrufen. Im Idealfall haben Sie nach dem Sport keinen Muskelkater, aber falls er auftritt, brauchen Sie sich keine Sorgen zu machen: Nach spätestens drei Tagen ist er wieder verschwunden. Dann sind die Mikrotraumen verheilt.

Welche Sport-Kombination ist sinnvoll?

Empfehlenswert ist eine Mischung aus allen drei Bereichen.

- Das Ausdauertraining ist wichtig, um Ihr Herz-Kreislauf-System zu trainieren und all die anderen oben beschriebenen positiven Auswirkungen auf Ihre Gesundheit zu nutzen. Zudem erhöhen Sie so Ihren Energieverbrauch. Dies ist wichtig, falls Sie abnehmen möchten.

- Mit einem Kräftigungstraining kräftigen Sie nicht nur Ihre Muskeln, sondern verbessern Ihre Haltung, stabilisieren Ihre Gelenke und erhöhen ein wenig Ihren täglichen Grundumsatz.
- Das Dehnungstraining ist für die bessere Haltung ebenso wichtig wie die Kräftigung.
- Außerdem sollten Sie Ihren Gleichgewichtssinn trainieren und versuchen, durch Entspannungstraining Stress zu reduzieren.

Sport und Gewichtsreduktion

Wenn Abnehmen Ihr Ziel ist, sollten Sie einige Dinge über den Zusammenhang zwischen körperlicher Bewegung und Gewichtsreduktion wissen.
Die dauerhaft besten Erfolge erreichen Sie, wenn Sie Ihre Ernährung umstellen und sich sportlich betätigen. Dabei ist es wichtig, nicht nur Sport im eigentlichen Sinne zu betreiben. Es ist genauso sinnvoll, mehr Bewegung in Ihren Alltag einzubinden. Dies kann zum Beispiel bedeuten, dass Sie statt des Fahrstuhls die Treppen nehmen oder statt Ihr Auto zu benutzen zu Fuß gehen. In vielen Studien hat sich gezeigt, dass es wesentlich einfacher ist, das erreichte Gewicht zu halten, wenn während und nach der Gewichtsabnahme Sport getrieben wurde. Die Vergleichsgruppen ohne sportliche Aktivitäten hatten wesentlich häufiger mit Gewichtszunahmen zu kämpfen als die sportlich Aktiven.
Egal, wie viel Sport Sie machen: Sport ist nur ein Element während einer Gewichtsreduktions-Phase. Sie können es an mir sehen. Allein durch mehr Sport können nur die wenigsten Menschen Ihr Gewicht reduzieren.

Falls Sie nicht abnehmen möchten, Sie keinerlei gesundheitliche Beschwerden haben und Ihr Arzt keine wichtigen Argumente hat, die eine Gewichtsverringerung zwingend erforderlich machen, lassen Sie sich nicht einreden, Sie müssten schlanker werden. Bis zu einem BMI von 30 ist es nur dann wichtig abzunehmen, wenn Sie zu bestimmten Risikogruppen gehören oder bereits ernsthaft erkrankt sind. Genießen Sie den

Sport und schauen Sie nicht ständig auf die Waage. Allein durch regelmäßiges Training können Sie die Wahrscheinlichkeit, dass Sie zum Beispiel an Diabetes erkranken, deutlich verringern.
Wenn Ihr BMI größer als 30 ist, Sie bereits erkrankt sind oder Ihr Arzt eine Gewichtsabnahme dringend anrät, dann versuchen Sie, Sport nicht als Therapie zu begreifen. Schlanke machen auch Sport, weil es Spaß macht, weil man sich danach besser fühlt, weil man ohne Atemnot in den vierten Stock kommt und und und. Sehen Sie Sport nicht nur als Mittel zum Zweck, sondern als Bereicherung für Ihr Leben. Wenn Sie jedes Mal an Ihr Gewicht denken und an die Kilokalorien, die Sie verbrennen möchten, werden Sie so auf den Gewichtsverlust fixiert sein, dass für Spaß nicht viel Platz bleibt. Beim kleinsten Misserfolg oder Stillstand auf der Waage werden Sie frustriert sein und aufgeben wollen.

Gönnen Sie sich die Freude, die Bewegung Ihnen bringen kann, und genießen Sie Ihre sportlichen Erfolge. Was meinen Sie, wie stolz Sie sein werden, wenn Sie feststellen, dass Sie an einer ganz «normalen» Step-Aerobic-Stunde teilnehmen können, obwohl alle immer sagen, dass Dicke das nicht können? Und welch erhabenes Gefühl es ist, erst im vierten Stock aus der Puste zu sein und nicht bereits im ersten?

Wenn Sie abnehmen möchten, ist es aber umso wichtiger, eine Sportart zu finden, die Ihnen Spaß bereitet, und diese sinnvoll auszuführen. Was in diesem Zusammenhang «sinnvoll» ist, lesen Sie im Praxis-Teil dieses Buches. Welche grundsätzlichen Punkte Sie dabei beachten sollten, erkläre ich Ihnen im folgenden Kapitel.

Energiebilanz

Sie wissen vermutlich, dass Sie nicht mehr als etwa ein Kilogramm Körpergewicht in der Woche verlieren sollten, um das neue Gewicht auch dauerhaft beibehalten zu können. Das eigentliche Abnehmen ist nicht das Schwierigste, sondern die so genannte Gewichtsstabilisation, das heißt das Halten des Gewichts.
Sie haben bereits viele Diäten ausprobiert und hatten jedes Mal mit dem Jojo-Effekt zu kämpfen? Sehen Sie, genau das ist das Problem.
Je mehr Sie in einer Woche abnehmen, desto schwerer wird es

Ihnen fallen, das neue Gewicht zu halten.
Oder andersherum: Wer sehr schnell abnimmt, nimmt meist sehr schnell wieder zu, da sich der Körper auf die radikale Nahrungsreduktion sehr schnell einstellt und den Bedarf an Kalorien herunterschraubt. Nach Beendigung der Diät behält der Körper den niedrigeren Grundumsatz erst einmal bei. Wenn Sie wieder genauso viel essen wie vor der Diät, haben Sie bald wieder Ihr altes Gewicht und noch ein paar Kilo dazu. Um abnehmen zu können, muss Ihre Energiebilanz negativ sein, Sie müssen mehr Energie verbrauchen, als Sie sich über Ihre Nahrung zuführen. Sie können Ihre Energiezufuhr durch eine Ernährungsumstellung oder eine wirklich sinnvolle Diät verringern und Ihren Verbrauch durch mehr Bewegung im Alltag und Sport erhöhen.
Sie sollten während einer Phase der Gewichtsreduktion etwa 2000 Kilokalorien in der Woche zusätzlich durch Bewegung und Sport verbrauchen.

Info Sie sollten im Idealfall zu einer Ernährungsberatung gehen und Ihre Ernährung umstellen. Das ist zwar mit ein wenig Aufwand verbunden, und richtiges Abnehmen braucht eine gewisse Zeit. Dafür lernen Sie, sich vernünftig zu ernähren und Ihr neues Gewicht dauerhaft zu halten. Der andere Weg besteht darin, sich einer sinnvoll zusammengestellten kalorienreduzierten Diät zu unterziehen. Achten Sie jedoch darauf, dass Sie dabei nicht weniger als 1200 Kilokalorien am Tag zu sich nehmen. Sie provozieren sonst den Jojo-Effekt und laufen Gefahr, sich nicht mehr ausreichend mit allen Nährstoffen zu versorgen. Fragen Sie Ihren Arzt, er wird Ihnen Adressen von Ernährungsberatungsstellen und Ähnliches nennen.
Lassen Sie die Finger von allen Wunderdiäten, die Ihnen jede Woche kiloweise Gewichtsverlust versprechen! Sie verlieren hierbei viel Wasser, viel Eiweiß (also Muskeln) und nur wenig Fett! Wenn Sie sich genauer über gesunde Ernährung informieren wollen, finden Sie Adressen im Anhang.

Ihr Energieumsatz

Wie viel Energie Ihr Körper am Tag verbraucht, hängt davon ab, welchen Grundumsatz, welche Wärmebildung (Thermogenese) und welchen zusätzlichen Leistungsumsatz Sie haben.

- Unter Grundumsatz versteht man den Energiebedarf, der nötig ist, um alle wichtigen Funktionen Ihres Körpers wie Atmen und Ähnliches bei völliger Ruhe aufrecht zu erhalten.
- Der Leistungsumsatz beschreibt die Energiemenge, die nötig ist, um jede weitere Tätigkeit durchzuführen, das heißt Aufstehen, Arbeiten, Einkaufen, Walken und so weiter.
- Die Thermogenese beschreibt den Energieanteil, der in Wärme umgewandelt wird. Diese wird zum Beispiel durch die Verdauung, Hormone und Medikamente beeinflusst.

Der durchschnittliche Grundumsatz beträgt etwa je Kilogramm Körpergewicht eine Kilokalorie je Stunde.
Das bedeutet, dass ein Mensch, der 100 Kilogramm wiegt, am Tag einen Grundumsatz von 2400 Kilokalorien hat (100 x 1 Kilokalorien x 24 Stunden = 2400 Kilokalorien). Je höher Ihr Gewicht ist, desto höher ist dementsprechend Ihr Grundumsatz. Aber wie hoch er tatsächlich ist, hängt noch von weiteren Faktoren ab: Alter, Geschlecht, Trainingszustand, Anteil an Muskelmasse und der genetischen Veranlagung. Zudem gibt es Einflüsse, die den Grundumsatz noch verringern. So ist beim Schlafen der Umsatz um etwa 10 %, beim Aufenthalt in den Tropen um 10 % – 20 % geringer. Der Grundumsatz kann sich auch erhöhen, zum Beispiel durch einen großen Muskelanteil oder durch Fieber.
Diese Werte gelten natürlich nur für einen grundsätzlich gesunden Menschen. Wenn Sie aber zum Beispiel durch eine sehr geringe Energiezufuhr 10 % Ihres Ausgangsgewichts verloren haben, ist Ihr Grundumsatz um zirka 16 % niedriger (Klör 2001). Ein Grund mehr, um lieber langfristig, also langsam abzunehmen.
Um zumindest das Geschlecht und den veränderten Verbrauch beim Schlafen mit einzubeziehen, können Sie folgende Formel anwenden:

Frauen:	Gewicht in Kilogramm x 19,2	=	Kilokalorien Grundumsatz
Männer:	Gewicht in Kilogramm x 21,6	=	Kilokalorien Grundumsatz

Sie können Ihren Grundumsatz beeinflussen, indem Sie den Anteil der Muskulatur in Ihrem Körper erhöhen. Dies können Sie durch Kräftigungstraining erreichen.

Die Höhe des Leistungsumsatzes hängt davon ab, wie aktiv Sie in Ihrem Alltag sind, ob und wie viel Sport Sie treiben. Sie können den Leistungsumsatz also beeinflussen.

Um diesen Leistungsumsatz zu berechnen, schätzen Sie bitte realistisch ein, wie viel Sie sich bewegen:

- ● **Wenig aktiv:**
  Sie gehen einer sitzenden Tätigkeit nach, benutzen vorwiegend Ihr Auto und treiben keinen Sport. Hier gilt:
  Grundumsatz x 1,4
  = Kilokalorien Tagesbedarf

- ●● **Aktiv:**
  Sie gehen einer sitzenden Tätigkeit nach, aber Sie bewegen sich zum Beispiel beim Fahrradfahren, Treppensteigen und Ähnlichem, oder Sie haben eine Tätigkeit, bei der Sie ständig «auf Achse» sind. Hier gilt:
  Grundumsatz x 1,7
  = Kilokalorien Tagesbedarf

- ●●● **Sehr aktiv:**
  Sie gehen einer körperlich schweren Tätigkeit nach (Sie sind Bauarbeiterin o.Ä.) und treiben mehrmals die Woche Sport. Hier gilt:
  Grundumsatz x 2,0
  = Kilokalorien Tagesbedarf

Auch diese Zahlen sind nur Richtwerte und können stark variieren. Wenn Sie Ihren genauen Wert erfahren möchten, fragen Sie Ihre Ärztin oder einen Ernährungsberater. Sie werden Ihnen gern weiterhelfen.

Energieverbrauch beim Sport

Wie viel Kilokalorien Sie bei einer Sportart verbrauchen, ist sehr individuell. Es hängt zum Beispiel davon ab, wie viel Muskulatur Sie einsetzen, wie leistungsfähig Ihr Körper bereits ist, wie viel Sie wiegen und so weiter. Daher sind auch die folgenden Werte nur Richtwerte. Wenn Sie Ihren Verbrauch genauer wissen möchten, empfehle ich Ihnen den Gebrauch der bereits oben beschriebenen Polar-Uhr mit der OwnZone-Funktion, da diese über die Own-Cal-Funktion Ihren persönlichen Verbrauch nach jeder Trainingseinheit anzeigt.

Schätzen Sie realistisch ein, wie hoch die Beanspruchung bei einem Training ist und entnehmen Sie den entsprechenden Kalorienverbrauch der unten stehenden Tabelle. Wenn Sie eine Frau sind, müssen Sie nochmals zwischen 10 % und 20 % abziehen. Die angegebenen Werte beziehen sich auf den Verbrauch von Kilokalorien in der Stunde.

Körpergewicht in Kilogramm	75	100	125	150	175	200
leichte Beanspruchung	200	240	280	320	360	400
mittlere Beanspruchung	400	480	560	640	720	800
starke Beanspruchung	600	720	840	960	1080	1200*

* Hauner/Hauner 2001

Denken Sie daran, dass sich die Werte auf eine Stunde beziehen, weshalb Sie zum Beispiel bei einer halben Stunde Training entsprechend nur die Hälfte verbrauchen.

Trainingstipps zur Gewichtsreduktion

- Versuchen Sie ungefähr 2000 Kilokalorien in der Woche durch Sport zu verbrauchen.
- Kombinieren Sie Ausdauer- und Kräftigungssport, vergessen Sie aber nicht das Dehnen.
- Seien Sie realistisch bei der Einschätzung des Kalorienverbrauchs, Sie beschummeln sich sonst nur selbst.

- Beim Ausdauertraining sollten Sie sich besser weniger, aber dafür länger belasten.
- Überschreiten Sie nicht die Trainingsherzfrequenz von höchstens 70 % – 80 % Ihrer maximalen Herzfrequenz. Sie möchten schließlich Fett verlieren und nicht Ihre Muskeln. Der Energieverbrauch bei einer gesteigerten Herzfrequenz ist zwar höher, der Anteil der Fettverbrennung ist jedoch geringer. Sie verbrennen dann vor allem Zucker und bei größeren und längeren Anstrengungen Eiweiß, also Ihre Muskeln.
- Versuchen Sie sich zu Beginn jeden Tag 30 Minuten zu bewegen, zum Beispiel indem Sie zur Arbeit walken.
- Wählen Sie einen Sport, den Sie mögen, sonst werden Sie nicht lange durchhalten.

Praxis

Nun geht's los!

Auf den folgenden Seiten präsentiere ich Ihnen Übungen für das aufrechte Bewegungsmuster, zur Sensibilisierung der Wahrnehmung sowie für ein Ausdauer-, Kräftigungs- und Dehnungstraining. Entdecken Sie den Spaß an der Bewegung und genießen Sie BIG GYM!

Verschiedene Sportarten

im Vergleich

Auf den folgenden Seiten werde ich Ihnen einige Sportarten genauer vorstellen und hinsichtlich ihrer Nützlichkeit für übergewichtige Menschen bewerten.

- nicht geeignet **o bedingt geeignet** **++ gut geeignet**

Ausdauer-Sportart	**BMI bis 30**	**BMI über 30**
Walken	++	++
Laufen	++	-
Radfahren	++	++
Indoor Cycling	++	o/++
Schwimmen	++	++
Aerobic	++	o
Step Aerobic	++	o
Crew Class/Rudern	++	o/++
Inlineskating	++	++
Cardiotraining (Studio)	++	++
Tennis/Squash	o	-
(Berg-)Wandern	++	o/++
Tanzen	++	o
Mannschaftssportarten	o	-

Kräftigungs-, Entspannungs-Sportarten	**BMI bis 30**	**BMI über 30**
Aqua Gym	++	++
Yoga	++	o/++
Gymnastik/Workout	++	++
Stretching	++	++
Gerätetraining (Studio)	++	o/++

Ausdauersportarten

Walking

Walking (zügiges Gehen) ist ein wunderschönes und sehr einfach durchzuführendes Ausdauertraining. Eigentlich, denn mal ehrlich, welche Frau mit zum Beispiel 50 Kilogramm Übergewicht geht gerne zum Walken? Die Angst, sich lächerlich zu machen, ist oft zu groß.

Die Alternative: Gehen Sie entweder ins Studio und walken Sie auf dem Laufband oder suchen Sie sich eine Freundin oder Walking-Gruppe, denn in Gesellschaft von anderen werden Sie sich stärker fühlen. Falls Sie sich gerne Nachbars Hund ausleihen möchten, weil Sie meinen, Sie bräuchten eine Rechtfertigung, in der Öffentlichkeit zu walken, tun Sie das. Aber vergessen Sie nicht, dass Sie ein Recht auf Sport haben, wie alle anderen kleinen, großen, dicken, dünnen, jungen und alten Menschen auch. Wenn Sie die Möglichkeit haben, suchen Sie sich eine schöne Strecke im Park oder am Fluss entlang und genießen Sie die Natur! Ebenso gut und einfach wie Walking ist das Bergwandern. Nehmen Sie Ihre Pulsuhr mit und erstürmen Sie die Berge!

Beim Walking können Sie die Trainingsintensität sehr gut steuern. Je schneller Sie gehen und je energischer Sie Ihre Arme mit bewegen, desto höher wird Ihr Puls sein.

Manchmal treten Beschwerden am Schienbein auf. Dies hat seine Ursache in einer schnellen Ermüdung des vorderen Schienbeinmuskels. Sie können diesen Muskel kräftigen, indem Sie eine der beiden folgenden Übungen durchführen.

Der Spitzenheber

Die Ausgangsposition: Stand

- Stellen Sie sich mit hüftbreit geöffneten Beinen hin und achten Sie auf eine aufrechte Haltung.
- Legen Sie die Hände auf Ihre seitlichen Oberschenkel und klappen Sie die Ellenbogen nach hinten.
- Verlagern Sie Ihr Gewicht auf Ihren rechten Fuß und schieben Sie den linken ein wenig nach vorne.

Ausführung:

- Konzentrieren Sie sich auf Ihren linken Fuß und heben und senken Sie langsam Ihre Fußspitze. Ihre Ferse bleibt während der ganzen Übung am Boden.

→ Wenn Ihr Schienbein sich bemerkbar macht, wechseln Sie die Seite.

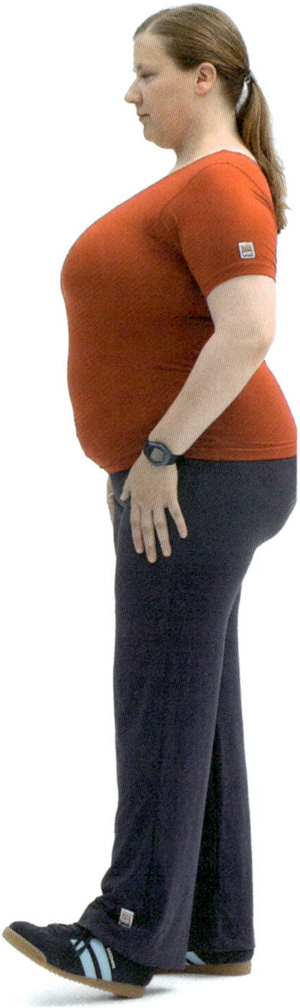

Sie werden ziemlich schnell Ihren vorderen Schienbeinmuskel spüren, da dieser Muskel meist sehr schwach ist. Wenn Sie gerne mit Walking beginnen möchten, kann ich Ihnen diese Übung besonders empfehlen. Da beim Walking die Fußspitzen teilweise aktiv Richtung Nase gezogen werden, haben besonders Anfängerinnen leicht Muskelkater am Schienbein.
Wenn Sie möchten, können Sie diese Übung auch auf einem Stuhl oder Sofa im Sitzen durchführen. Denken Sie daran, dass Sie den vorderen Schienbeinmuskel auch dehnen (siehe S. 149).

Info Wenn Sie sich vorgenommen haben, mit Walking zu beginnen, üben Sie den Spitzenheber bereits zehn Tage vorher täglich jeweils 30 Mal rechts und links. Sie können dies auch unauffällig unter dem Schreib- oder Esstisch tun.

Achten Sie darauf, beim Walking eine Hose zu tragen, die an den Oberschenkeln anliegt. Denn wenn Ihre Oberschenkelinnenseiten aneinander reiben, können Sie sich in recht kurzer Zeit wundscheuern, und der Spaß an der Bewegung hält nicht lange an. Ebenso leicht kann es zwischen Oberarm und Oberkörper scheuern. Tragen Sie ein schmales Oberteil mit nicht so tief ausgeschnittenen Ärmeln, sodass nicht Haut auf Haut, sondern Stoff auf Stoff reibt. Wenn Sie sich in schmalen Oberteilen nicht wohl fühlen, gibt es zwei Möglichkeiten: Entweder tragen Sie eine Weste oder Ähnliches darüber, oder Sie tragen unter Ihrem weiten T-Shirt ein schmales Hemdchen. Hauptsache, es scheuert nicht.

Laufen

Laufen ist ein prima Training. Sie benötigen nur gute Laufschuhe, und schon kann es losgehen. Das Problem: Bei jedem Schritt prallen Sie mit bis zu dem Dreifachen Ihres Körpergewichts auf. Das bedeutet zum Beispiel bei 120 Kilogramm Gewicht haben Sie eine Belastung von 360 Kilogramm, die Ihre Fuß-, Knie- und Hüftgelenke sowie Ihre Wirbelsäule abfedern müssen. Keine schöne Vorstellung, oder? Deswegen wird empfohlen, ab einem BMI von 30 und mehr nicht mit einem Lauftraining zu beginnen, sondern besser zu walken. Bis zu einem BMI von etwa 30 können Sie ausprobieren, ob Ihnen das Laufen gut tut. Achten Sie aber auf Ihre Herzfrequenz, denn bei Übergewicht steigt Ihr Puls schnell über die gewünschte Obergrenze.

Radfahren/Indoor Cycling

Sowohl Radfahren als auch Indoor Cycling sind ein sehr gutes Ausdauertraining bei Übergewicht. Unter Indoor Cycling versteht man den Gruppenunterricht in Studios oder Vereinen, bei denen alle Teilnehmer auf Stand-Rädern sitzen und gemeinsam unter Anleitung Rad fahren. Die Belastung für Ihre Gelenke ist bei der richtigen Einstellung des Rades sehr gering, Drehbelastungen und Ähnliches gibt es nicht. Tragen Sie möglichst gepolsterte Radlerhosen, auch wenn Sie sich zunächst seltsam anfühlen. Ihnen bleiben dadurch eine Menge unangenehmer Sitzgefühle erspart. Falls Sie sehr dicke Beine haben, kann es sein, dass die Oberschenkel scheuern. Das können Sie durch enge Hosen vermeiden. Die

Intensität des Trainings können Sie wunderbar steuern. Vor allem beim Indoor Cycling ist dies denkbar einfach: Sie brauchen nur den Widerstand oder die Trittfrequenz zu verändern, schon sinkt oder steigt Ihr Puls. Beim Radfahren in der freien Natur ist das nicht ganz so einfach, da zum Beispiel auch verschiedene Bodenbeläge (Asphalt, Schotter) und der Wind Einfluss nehmen. Zudem ist es bei starkem Übergewicht oft schwer, seinen ganzen Körper gut auszubalancieren. Weichen Sie auf den Heimtrainer oder den Cycling Kurs aus.
Falls Sie noch nicht Fahrrad fahren können, nehmen Sie an einem Lernkurs für Erwachsene teil, den es in jeder großen Stadt gibt. Fragen Sie auch nach Fahrradlernkursen nur für Dicke.

Inlineskating

Beim Inlineskating haben Sie keinerlei Aufprallbelastungen, sodass Ihre Gelenke und Ihre Knie geschont werden. Sie können durch Ihre Schrittfrequenz und einen mehr oder weniger starken Abdruck vom Boden die Intensität recht gut steuern. Zudem trainieren Sie optimal Ihren Gleichgewichtssinn und Ihre Koordination. Und es sind so viele Skater unterwegs, dass Sie überhaupt nicht auffallen. Ein tolles Training, ich kann es Ihnen sehr empfehlen. Fragen Sie bei Vereinen, Studios und Skating-Schulen nach Kursen speziell für Übergewichtige, denn in vielen großen Städten werden sie bereits angeboten. Achten Sie beim Kauf von Schutzbekleidung besonders darauf, dass diese wirklich passt. Normalerweise sind die Schützer bis XL erhältlich. Es gibt Schützer, die wie ein Strumpf angezogen werden. Diese sind bei starkem Übergewicht meist zu eng und schnüren ein. Achten Sie darauf, dass die vorhandenen Klettverschlüsse stabil sind und befestigen Sie die Schützer dann nur mit diesen Verschlüssen.

Wenn Sie bereits Probleme mit Ihren Knien haben, sollten Sie den so genannten T-Stopp vermeiden. Dabei belasten Sie sehr stark Ihre Beininnenseiten und somit die Innenmenisken. Vermeiden Sie ebenfalls das Bremsen mit Hilfe des Schneepfluges. Auch hierbei ist die Belastung der Knie hoch.

Schwimmen

Auch Schwimmen ist ein sehr geeignetes Training bei Übergewicht. Aber gerade im Schwimmbad, wo man fast nackt ist, mögen sich viele Dicke nicht zeigen. In einigen Bädern gibt es Badezeiten für Übergewichtige, wo zumindest ein Teil des Beckens nur für Dicke reserviert ist. Dann können Sie sich darauf verlassen, dass Sie nicht der einzige übergewichtige Schwimmer sind. Sie wissen ja: Gemeinschaft macht stark.
Durch den Auftrieb des Wassers werden alle Gelenke und die Wirbelsäule entlastet. Das Wasser wirkt zudem wie eine leichte Massage und entstaut Ihre Lymphe. Sie merken das daran, dass Sie nach dem Schwimmen häufiger Wasser lassen müssen.
Weiterhin werden im Wasser zusätzlich Kalorien verbraucht, um Ihre Körpertemperatur zu stabilisieren. Auch das ist natürlich ein Vorteil.

Aerobic

Ob eine Aerobic-Stunde das Richtige für Sie ist, hängt sehr stark vom Trainer ab. Fragen Sie nach der Ausbildung und ob Erfahrungen mit dem Training Übergewichtiger bestehen. Wenn Sie Vertrauen zu einem Trainer oder einer Trainerin gefasst haben, überlassen Sie ihm/ihr nicht allein die Verantwortung für Ihren Körper. Achten Sie auf sich selbst und ändern Sie, wenn nötig, Schritte ab. Sagen Sie den Trainern bereits vor Ihrer ersten Stunde, ob Sie Probleme zum Beispiel mit Ihren Knien haben oder die Beine leicht scheuern. Ein guter Trainer wird gerne darauf eingehen. Sie sollten zu Beginn ausschließlich extra gekennzeichnete Anfänger-Stunden besuchen, wie zum Beispiel «Big T-Shirt Class», «Easy Move», «Aerobic Basic» und ähnliche mehr. Machen Sie generell keine hüpfenden und springenden Bewegungen (man nennt sie «High Impact») mit, sondern ersetzen Sie diese durch andere Bewegungsmuster. Wenn Sie merken, dass Ihnen die Puste wegbleibt, gehen Sie einfach am Platz, bis Sie wieder einsteigen können. Fragen Sie nach Stunden speziell für dicke Teilnehmerinnen.

Step-Aerobic

Step-Aerobic ist ein Gruppen-Ausdauertraining unter Anleitung, bei dem die Teilnehmerinnen eine große Stufe (den Step) hinauf- und hinabsteigen. Für Step-Aerobic gilt im Wesentlichen das Gleiche wie für Aerobic (siehe dort). Allerdings müssen Sie aufpassen, wenn Sie bereits Beschwerden in den Knien haben. Diese können durch das Auf und Ab verstärkt werden. Fragen Sie hierzu bitte Ihren Arzt. Wenn Sie keine Knie-Probleme haben, können Sie an einer Step-Stunde teilnehmen. Sie werden dabei nicht nur Ihre Ausdauer, sondern auch Ihre Bein- und Po-Muskeln prima trainieren. Stellen Sie den Step auf die unterste Stufe und achten Sie auf Ihren Trainingspuls. Falls er zu hoch ist, führen Sie einfach einige der Schritte auf dem Boden statt auf dem Step aus.

Crew Class

Unter einer Crew Class versteht man einen Gruppenunterricht, bei dem die Teilnehmerinnen auf Rudergeräten sitzen und gemeinsam unter Anleitung rudern. Rudern ist ein sehr schönes, angenehmes Training. Es kommt jedoch bei der dicht am Oberkörper entlanggeführten Armbewegung leicht zu wund gescheuerten Stellen zwischen Oberkörper und Oberarm. Das können Sie vermeiden, indem Sie enge Oberteile tragen oder beim Zurückziehen der Arme diese ein wenig weiter weg vom Oberkörper führen. Wenn Sie stark übergewichtig sind, kann das Scheuern so unangenehm sein, dass es Ihnen den Spaß verdirbt. Testen Sie es aus. Zusätzlich zu Ihrem Herzkreislaufsystem kräftigen Sie bei einer Crew Class besonders Ihren Rücken und verbessern Ihre Haltung.

Ausdauertraining im Fitnessstudio

In jedem Fitnessstudio gibt es verschiedene Ausdauergeräte: Fahrrad, Sitzfahrrad, Laufband, Stepper, Rudergerät, Crosstrainer und Ähnliches. Da Ausdauertraining über einen längeren Zeitraum oft als langweilig empfunden wird, haben Sie hier die Gelegenheit, alle zehn Minuten das Gerät zu wechseln. Sie trainieren dadurch nicht nur abwechslungsreicher, sondern auch kurzweiliger. Diese Art des Trainings nennt man Crosstraining. Natürlich können Sie auch eine Stunde auf dem Fahrrad sitzen und dabei wunderbar zum Beispiel die neuesten Klatschgeschichten in der Presse lesen. Auch das lenkt ab und verkürzt die Zeit. Lassen Sie sich zu Beginn alle Geräte genau erklären.
Noch einen Tipp zum Laufband: Stellen Sie das Laufband auf eine

Steigung von 1 % bis 2 % ein, das hat ein angenehmeres Walking- beziehungsweise Laufgefühl zur Folge.

Tipp Viele dicke Menschen trauen sich nicht, in ein Fitnessstudio oder einen Sportverein zu gehen, um sich dort unter qualifizierter Anleitung zu bewegen. Die Hemmschwelle und die Angst, ausgelacht oder angestarrt zu werden, ist groß. Wenn Ihnen der Gedanke an lauter schlanke Menschen beim Sport unangenehm ist, versuchen Sie ein Fitnessstudio oder einen Sportverein zu finden, die spezielle Stunden für Übergewichtige beziehungsweise spezielle Dicken-Treffs für die Gerätefläche anbieten.

Kräftigungssportarten

Es gibt viele verschiedene Sportarten, bei denen Sie Ihre Muskeln kräftigen und Ihre Haltung verbessern können, und die beliebtesten werde ich Ihnen nun genauer vorstellen.

Wirbelsäulengymnastik

Ich möchte Ihnen sehr ans Herz legen, einmal in der Woche eine Wirbelsäulengymnastik-Stunde zu besuchen. Sie werden dort nicht nur die richtige Haltung beim Stehen, Gehen und Sitzen üben, sondern Ihren Rücken kräftigen, mobilisieren und dehnen. Auch als absolute Anfängerin werden Sie in solch einer Stunde problemlos mithalten können, wenn Sie vielleicht einige Übungen auch anders durchführen müssen, als es schlanke Menschen tun. Für übergewichtige Menschen ist ein starker Rücken besonders wichtig, da Fehlhaltungen wegen des hohen Gewichts im doppelten Sinne schwerer wiegen. Zudem werden Sie durch die regelmäßige Teilnahme an einer Rückenstunde ein wesentlich besseres Körpergefühl bekommen.

Gerätetraining im Fitnessstudio

Der große Vorteil beim Gerätetraining besteht darin, dass Sie bei den einzelnen Übungen relativ wenig falsch machen können, da die Bewegungen weitestgehend vorgegeben werden. Bei vielen Geräten können jedoch Probleme auftreten. Die Sitzbänke sind zu schmal, oft bleibt nicht genügend Platz für den gesamten Po. Manche Geräte können stark Übergewichtige überhaupt nicht benutzen, weil sie zum Beispiel nicht «hineinpassen». Lassen Sie sich eine genaue Einweisung geben. Viele Studios und Vereine haben hierfür sogar Diplom-Sportlehrerinnen oder seltener auch Physiotherapeutinnen eingestellt. Weisen Sie die Trainerin darauf hin, welche Probleme Sie haben, und lassen Sie sich einen individuellen Plan ausarbeiten. Alle Studios haben zusätzlich zur Gerätefläche immer einen Bereich, in dem Matten ausliegen, sodass Sie für einige Übungen auch dorthin ausweichen können. Sie sollten mit sehr wenig Gewichten, aber mit vielen Wiederholungen arbeiten.

Workout- und Gymnastikstunden

Wenn die Trainerinnen kompetent sind, haben Sie ein gutes Studio ausgewählt. Fragen Sie nach deren Ausbildung und nach speziellen Stunden nur für Übergewichtige und Anfängerinnen. Wählen Sie möglichst eine Stunde, in denen nicht mit zusätzlichen Hanteln gearbeitet wird. Das eigene Gewicht reicht zum Trainieren völlig aus.

Das große Plus bei angeleiteten Stunden: Sie hören dabei rhythmische Musik, und die Trainerinnen wissen, wie sie eventuell auftretende Motivationslücken ihrer Teilnehmerinnen überbrücken können. Mit großer Wahrscheinlichkeit werden Sie als Anfängerin bei einigen Übungen eher aufhören müssen als andere, die bereits länger üben. Lassen Sie sich davon nicht irritieren, das ist normal. So haben alle Sportler angefangen. Lassen Sie sich auch nicht dadurch stören, wenn Sie einige der Übungen abwandeln müssen, damit Sie zum Beispiel mit einer großen Brust weniger Beschwerden haben. Denken Sie daran, dass die schlanken Menschen sich meist nicht vorstellen können, womit dicke Menschen Probleme haben. Erklären Sie den

Trainerinnen, warum Sie manche Dinge anders machen. Wir sind für solche Tipps sehr dankbar und nehmen individuelle Variationen auch gerne für den Rest der Teilnehmerinnen auf.

Aquagym

Wassergymnastik, Aquagym und Ähnliches bezeichnen ein Kräftigungstraining im Wasser. Es ist ein sehr schönes Training, bei dem Ihr Körper durch den Auftrieb des Wassers entlastet wird und trotzdem Ihre Muskeln durch den Widerstand des Wassers sehr gut trainiert werden. Durch den Druck des Wassers bekommen Sie sogar während des Trainings eine kleine Massage, und Ihre Lymphen werden angeregt.
Bei vielen Kursen müssen Sie nicht einmal schwimmen können, da häufig in stehtiefem Wasser unterrichtet wird. Wenn Sie eine große Brust haben, kann es von Vorteil sein, wenn Sie einen Badeanzug mit ausgearbeitetem Körbchen oder sogar unter Ihrem Badeanzug einen festen BH tragen.
In einigen Schwimmbädern gibt es extra Kurse für dicke Menschen, fragen Sie danach.

Yoga

Yoga ist ein sehr schönes Training, bei dem Sie Ihre Muskeln kräftigen und dehnen und sich auch mit verschiedenen Atemtechniken und Entspannung beschäftigen. Einige klassische Yoga-Übungen sind schädlich für die Knie oder den Rücken, aber eine gut ausgebildete Yogalehrerin kann diese abwandeln. Oft werden spezielle Yogakurse wie «Yoga für den Rücken» oder «Yoga für die Gelenke» angeboten. Bei solchen Stunden werden Sie, außer mit den üblichen Einschränkungen wie Weichteilsperre und Ähnlichem, keine größeren Probleme haben. Genießen Sie die Entspannungs- und Atemtechniken, spüren Sie, wie sich Ihre Körperwahrnehmung verändert.

Der Aufbau eines Trainings

Wenn Sie sich entschlossen haben, alleine zu trainieren, um Ihr eigenes Programm durchzuführen, möchte ich Ihnen erst einmal gratulieren: Das ist der erste Schritt zu einem, im wahrsten Sinne des Wortes, bewegteren Leben. Ich möchte Ihnen kurz erläutern, wie ein sinnvolles Training aufgebaut sein sollte.

Ein sportliches Training kann je nach Trainingsziel aus folgenden Phasen bestehen:

- Aufwärmen, Kräftigen, Ausdauertraining, Cool-down, Dehnen, Entspannen, Körperwahrnehmung, Gleichgewichtstraining
- Ein Training sollte stets mit einem Warm-up (Aufwärmen) beginnen und nach dem eigentlichen Training mit einem Cool-down (Abkühlen) enden. Während des Warm-ups wird Ihre Herzfrequenz langsam bis zu dem gewünschten Intensitätsniveau erhöht.

Beginnen Sie das Aufwärmen mit kleinen Bewegungen

- der Schultern: Schultern hoch und tief ziehen, leichtes Kreisen der Schultern, leichtes Kreisen der gebeugten Arme,
- der Sprunggelenke: gehen, mit der Fußspitze tippen,
- der Knie: beugen und strecken, gehen, lockeres Fahrrad fahren, falls Sie einen Hometrainer haben,
- der Hüftgelenke: Beine ein wenig heben und senken
- sowie der Wirbelsäule: Rücken ein paar Mal rund und wieder lang machen.

Durch diese so genannten Gelenkisolationen wird in den entsprechenden Gelenken die Produktion der Gelenkflüssigkeit angeregt und diese gut und gleichmäßig verteilt. Richtig warm werden Sie dadurch aber nicht. Dazu benötigen Sie Ganzkörperbewegungen wie zum Beispiel leichtes Fahrradfahren auf dem Hometrainer, Gehen am Platz oder durch die Wohnung, ein wenig lockeres Tanzen (ohne Springen!) oder eine unserer Gleichgewichtsübungen, bei der Arme und Beine bewegt werden.

- Das Aufwärmen sollte etwa zehn bis zwölf Minuten dauern, auf keinen Fall weniger. Diese Zeit benötigt der Körper, um sich auf die kommende Belastung vorzubereiten und seine «Betriebstemperatur» zu erreichen.

- Ein weiterer Vorteil des Aufwärmens: Unsere koordinativen Fähigkeiten werden besser, unsere Reaktionsgeschwindigkeit steigt.

Das Cool-down, auch Abwärmen genannt, ist das Gegenstück zum Aufwärmen: Die Herzfrequenz sinkt langsam wieder. Der Körper beginnt bereits angefallene Milchsäure wieder abzubauen. Wenn Sie beim Sport dicke Finger bekommen haben, werden Sie merken, dass diese sich nach dem Cool-down bereits wesentlich besser anfühlen. Dies erreichen Sie durch lockere Bewegungen der Extremitäten, schütteln Sie Ihre Arme und Beine aus, machen Sie nur noch Bewegungen, die nicht mehr anstrengen, zum Beispiel lockeres Ausgehen nach dem Walken, entspanntes Radeln nach dem Radfahren und Ähnliches.
Während eines Ausdauertrainings wird in der arbeitenden Muskulatur viel Sauerstoff benötigt, den das Blut dorthin transportiert. Das Blutvolumen in Armen und Beinen steigt. Durch das Cool-down wird das Blut wieder gleichmäßiger im Körper verteilt, die Finger schwellen ab.
Bei einer Kräftigungseinheit ist ein längeres Cool-down nicht notwendig, da wir hierbei unseren Kreislauf nur wenig belasten.

Bei einer **Ausdauereinheit** sollten Sie folgenden Aufbau beachten:

- zirka zehn Minuten Aufwärmen, dann Ausdauertraining (Walken, Schwimmen)
- zirka fünf Minuten Cool-down, Stretching und eventuell Entspannungsübungen

Wenn Sie ein **Kräftigungstraining** durchführen möchten, sollten Sie wie folgt vorgehen:

- zirka zehn Minuten Aufwärmen, dann Kräftigungsübungen, Stretching und eventuell Entspannungsübungen

Wenn Sie eine reine **Stretching-Einheit** durchführen möchten, sollte diese wie folgt aussehen:

- zirka zehn Minuten Aufwärmen, dann Dehnübungen und Entspannungsübungen

Wenn Sie eine **Gleichgewichtsübung** einbauen möchten, sollten Sie dies wahlweise beim Aufwärmen oder beim Cool-down tun. Wenn Sie eine sehr ruhige Gleichgewichtsübung machen möchten, können Sie diese auch als Ausgangspunkt für die Entspannung nehmen.

Das aufrechte Bewegungsmuster

Das aufrechte Bewegungsmuster beschreibt eine für unseren Körper anatomisch sinnvolle Haltung. Wenn wir uns im aufrechten Bewegungsmuster halten und bewegen, werden unsere Gelenke und unsere Wirbelsäule entsprechend ihrer Anatomie genutzt. Abnutzungserscheinungen und Folgen möglicher Fehlhaltungen werden dadurch minimiert. Und dies ist für unsere Wirbelsäule besonders wichtig.

Die wichtigsten Elemente des **aufrechten Bewegungsmusters** sind:

- Leichte Hüftaußenrotation, (das bedeutet, dass die Beine, Knie und Füße leicht nach außen gedreht sind)
- Füße gleichmäßig belastet,
- Knie zeigen in Richtung der Fußaußenseite («Ringzeh»),
- Knie zeigen nie über die Fußspitzen hinaus,
- Becken leicht gekippt («Gekippt» bezeichnet immer die Bewegung des oberen Beckenkamms nach vorne),
- Bauch lang, Brustbein nach vorne oben geschoben, also aufgerichtet,
- Halswirbelsäule aufgerichtet,
- Schultern nach außen rotiert (das bedeutet, die Schulterblätter sind nach hinten unten gezogen),
- Unterarme nach außen gedreht,
- Finger gespreizt.

Natürlich lassen sich nicht immer alle Elemente des aufrechten Bewegungsmusters bei allen Sportarten und bei allen Übungen durchführen. Aber: Je häufiger wir es schaffen, einzelne Elemente des aufrechten Bewegungsmusters zu üben, desto leichter wird es sein, eine aufrechte Haltung einzunehmen und beizubehalten. Der Weg dorthin ist lang, denn bis eine Bewegung so gut in unserem Gehirn abgespeichert ist, dass wir nicht mehr darüber nachdenken, müssen wir sie zirka 50 000-mal wiederholt haben. Also: Warum nicht die Chance nutzen und damit bereits bei unserem «normalen» Training beginnen?
Und: Wenn Sie eine aufrechte Haltung einnehmen, hat dies nicht nur Auswirkungen auf Ihren Bewegungsapparat, sondern auch auf Ihre Stimmung. Sie werden sich besser fühlen und entspann-

ter, auch wenn Sie vielleicht jetzt beim Lesen skeptisch sind. Probieren Sie es aus!

Der aufrechte Stand

Diese Grundposition ist der Ausgangspunkt für die meisten Übungen im Stehen.

Füße

- → Stellen Sie sich so hin, dass Ihre Füße hüftbreit geöffnet sind und Ihre Fußspitzen leicht nach außen zeigen. Je weiter Sie Ihre Beine öffnen, desto weiter zeigen die Füße nach außen. Ihre Fußspitzen sind daher stets die äußersten Punkte von Ihnen.
- → Verteilen Sie Ihr Gewicht gleichmäßig auf Ihre Füße. Stellen Sie sich dazu vor, Sie hätten auf Ihrer Fußsohle drei Punkte: einen auf der Ferse, einen am Ballen des großen Zehs und einen am Ballen des kleinen Zehs. Verteilen Sie nun Ihr Gewicht gleichmäßig auf diese drei Punkte.Wenn Sie barfuß trainieren, versuchen Sie noch Ihre Füße «kurz zu machen», ohne die gleichmäßige Gewichtsverteilung zu verlieren. Sie werden merken, dass sich Ihre Fußgewölbe dabei ein wenig vom Boden lösen. Die richtige Belastung der Füße ist wichtig, damit unsere Knie und Hüften richtig belastet werden können.

Knie

- → Beugen Sie Ihre Knie leicht, stellen Sie sich vor, Ihre Knie sind ganz weich und locker.
- → Die Knie zeigen in Richtung kleiner Zeh beziehungsweise «Ringzeh». Ihre Fußspitzen bleiben jedoch stets vor den Knien.

Becken und Rumpf

- → Ihr Bauch und Ihr Po bleiben ganz entspannt. Früher sagte man, der Bauch und der Po sollen ganz fest angespannt sein. Probieren Sie einmal aus, was dann geschieht: Dabei richtet sich das Becken auf, und unser Rücken flacht ab. Dies macht nicht viel Sinn, da wir dabei gegen die natürliche Form unserer Wirbelsäule arbeiten. Eine leichte Wölbung im Bereich der Lendenwirbelsäule ist ebenso normal wie in der Brust- und Halswirbelsäule. Durch diese doppelte S-Form kann unsere Wirbelsäule zum Beispiel viel besser Stöße abfangen.
  Stellen Sie sich vielmehr vor, Sie möchten Ihren Bauch ganz lang ziehen. Dabei ziehen sich die Sitzfalten am Bauch aus-

einander, und der Bauch wird faltenfrei. Falls bei Ihnen der Bauch so dick ist, dass Sie eine Umschlagfalte oberhalb der Scham haben, wird diese Falte bleiben. Das stört aber nicht beim aufrechten Bewegungsmuster.

Wenn Sie Ihren Bauch lang ziehen, kann es sein, dass Sie einen leichten Zug im Bauch verspüren: Das sind Ihre Bauchmuskeln. Diese werden wahrscheinlich durch den Zug leicht angespannt.

Durch das Langziehen des Bauches wird sich Ihr Becken leicht kippen. Stellen Sie sich seitlich zu einem Spiegel, und Sie können sehen, dass Ihr unterer Rücken leicht nach vorne gewölbt ist. Wenn Sie einen dicken Po haben, kann es so aussehen, als hätten Sie nun ein starkes Hohlkreuz. Lassen Sie sich davon nicht irritieren. Versuchen Sie auf die Form Ihrer Wirbelsäule zu achten (siehe dazu auch Infokasten Hohlkreuz).

→ Schieben Sie nun Ihr Brustbein (es liegt genau in der Mitte des Brustkorbs) nach vorne oben. Ihr Brustbein hebt sich dadurch, die Brustwirbelsäule richtet sich auf. Vielleicht spüren Sie bereits nach kurzer Zeit, dass diese Haltung für Ihren oberen Rücken anstrengend wird. Je größer Ihre Oberweite ist, desto schwerer muss der Rücken arbeiten, um die eingenommene Position zu behalten. Ihre Brust zieht Sie nach vorne unten, und Ihre Rückenmuskeln müssen Sie gegen die Schwerkraft in der aufrechten Position halten. Machen Sie sich daher keine Sorgen, wenn Sie das Gefühl haben, recht schnell locker lassen zu wollen. Das ist normal.

Ihr Becken ist nun leicht gekippt, Ihr Bauch ganz lang, das Brustbein gehoben.

Info Hohlkreuz (Hyperlordose) und normale Wölbung (Lordose)
Die Wirbelsäule hat von Natur aus eine Doppel-S-Form, die individuell mehr oder weniger ausgeprägt ist. Diese normale Wölbung der Lendenwirbelsäule nennt sich Lordose. Lassen Sie im Stand Ihr Becken ganz weit nach vorne kippen und richten Sie es wieder auf. Der Spielraum ist groß, oder? Wenn Ihr Becken sehr weit vor gekippt ist und Sie das Gefühl haben, Sie hätten einen richtigen Entenpo, sind Sie vermutlich im Hohlkreuz. Wenn Sie nun Ihr Brustbein weit nach vorne oben schieben und Ihren Bauch ganz lang ziehen, können Sie spüren, wie sich Ihr Becken wieder ein wenig aufrichtet, das Hohlkreuz verschwindet. Das ist vermutlich Ihre normale Lordose. Die Lordose ist normal und die erwünschte Haltung, das Hohlkreuz (die Hyperlordose) ist nicht erwünscht, da dadurch eine Fehlbelastung der Wirbelsäule entsteht.
Versuchen Sie nun, den unteren Rücken nur mit Hilfe von angespannten Bauch- oder Pomuskeln flacher zu machen. Mal abgesehen davon, dass es ein wenig seltsam aussehen wird, bleibt wahrscheinlich immer noch das Gefühl, dass der Rücken nicht gerade ist. Das hat nichts mit einem Hohlkreuz zu tun, sondern mit Ihrem Fett am Po. Schauen Sie mich auf den Abbildungen an, auf denen ich seitlich zu sehen bin (das entsprechende Bild ist auf Seite 70 unten rechts). Es sieht nach einem Hohlkreuz aus, aber das täuscht: Mein dicker Po lässt es so wirken. Schauen Sie sich seitlich im Spiegel an. Versuchen Sie sich vorzustellen, wo unter Ihrem Pofett Ihre Wirbelsäule verläuft.
Wenn bei Ihnen nur wenig Fett am Po sitzt, dann haben Sie, wenn es danach aussieht, tatsächlich ein Hohlkreuz. Korrigieren Sie dann Ihre Haltung.

Schultern

→ Ziehen Sie Ihre Schultern weit weg von den Ohren und stellen Sie sich vor, Ihre Schulterblätter fließen nach hinten unten. Dies hilft bei der Aufrichtung der Brust- und Halswirbelsäule. Wenn Sie Ihre Schultern häufig hochziehen, werden Sie über kurz oder lang Schwierigkeiten mit Ihren Nackenmuskeln bekommen, da dadurch diese

Muskeln ständig verkürzt werden und sich leichter verspannen.

→ Lassen Sie Ihre Arme locker an Ihren Seiten hängen.

Kopf

→ Stellen Sie sich vor, an Ihrem Scheitelpunkt auf dem hinteren Kopf befindet sich ein Faden und Sie werden an diesem Faden nach oben gezogen. Ihr Hinterkopf schiebt sich dabei nach oben, der Nacken wird in die Länge gezogen, das Kinn sinkt ein wenig.

→ Stellen Sie sich vor, Ihr Kinn liegt auf einem Tresen. Versuchen Sie, das Kinn auf dem Tresen ein wenig weiter zurück zum Hals zu ziehen. Dabei werden Sie vermutlich ein Doppelkinn bekommen, dafür wird aber Ihre Halswirbelsäule gestreckt und die Nackenmuskulatur entlastet. Es kann sein, dass Sie beim Zurückziehen des Kinns eine Dehnung im Nacken spüren. Dann sind Ihre Muskeln dort, wie bei sehr vielen von uns, verkürzt.

Schauen Sie sich die beiden Abbildungen an. Vergleichen Sie die Haltung des Kopfes, der Brustwirbelsäule, der Lendenwirbelsäule und schauen Sie sich den Bauch genau an. Fällt Ihnen etwas auf? Das aufrechte

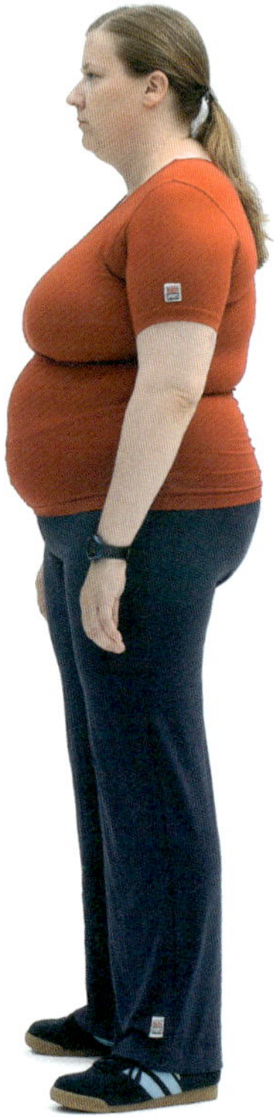

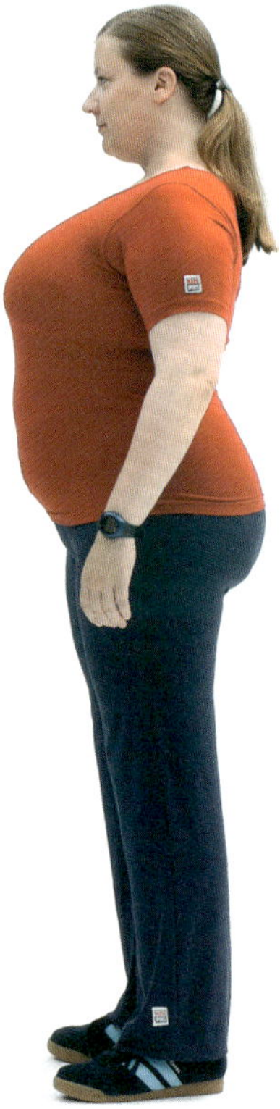

Bewegungsmuster ist nicht nur gesünder, es lässt auch den Bauch ein wenig flacher erscheinen, die Brust dafür größer. Bei dicken Menschen geht diese Veränderung meist (im wahrsten Sinne des Wortes) in der Masse unter, aber bei schlanken Personen ist der «Haltungsbauch» schnell zu sehen. Daran erkennen Sie, dass diese Menschen sich nicht aufrecht halten. Achten Sie einmal darauf.

Noch einmal kurz zusammengefasst sollte das **aufrechte Bewegungsmuster** für Ihre Haltung im Stand so aussehen:

- → Öffnen Sie Ihre Füße hüftbreit.
- → Verteilen Sie Ihr Gewicht gleichmäßig auf der Ferse, dem Großzehenballen und dem Kleinzehenballen.
- → Machen Sie Ihren Fuß kurz.
- → Ihre Knie sind ganz leicht gebeugt, locker und entspannt.
- → Ihre Knie zeigen in Richtung des kleinen Zehs und des «Ringzehs».
- → Ziehen Sie Ihren Bauch ganz lang und (fast) faltenfrei.
- → Schieben Sie Ihr Brustbein nach vorne oben.
- → Ziehen Sie Ihre Schultern weg von Ihren Ohren.
- → Stellen Sie sich vor, Ihre Schulterblätter fließen nach hinten unten.
- → Stellen Sie sich vor, an Ihrem Scheitelpunkt ist ein Faden befestigt, der Ihren Kopf Richtung Decke zieht.
- → Ziehen Sie Ihren Nacken lang.

Sie werden in den folgenden Kapiteln bei jeder Übung eine kurze Beschreibung der aufrechten Haltung wiederfinden. Ich wiederhole diese Beschreibung, da sich gerade in den Ausgangspositionen immer wieder Fehler einschleichen und die nachfolgende Übung verfälschen könnten. Außerdem müssen Sie so nicht jedes Mal an diese Stelle zurückblättern.

Die Positionen

Bevor ich Ihnen die einzelnen Übungen zur Kräftigung und zur Dehnung vorstelle, möchte ich Ihnen einige wichtige Dinge zu den einzelnen Ausgangspositionen erklären.

Stehen

Im Kapitel *Das aufrechte Bewegungsmuster* habe ich Ihnen bereits erklärt, wie Sie richtig stehen. Das wird Ihnen nach einiger Übung sicher leicht fallen. Nun erkläre ich Ihnen die anderen Ausgangspositionen und verrate Tipps und Tricks, um auftretende Probleme zu vermeiden und Ihnen die Stellungen angenehmer zu machen.

Sitzen

Die richtige Haltung sollte wie folgt aussehen:

- → Ihre Beine sind so weit geöffnet, dass Ihr Bauch bequem dazwischen Platz hat.
- → Ihre Füße zeigen leicht nach außen.
- → Ihre Knie sind ungefähr in einem rechten Winkel oder größer gebeugt. Ihre Knie zeigen in Richtung der «Ringzehen».
- → Ziehen Sie Ihren Bauch ganz lang und versuchen Sie, ihn möglichst faltenfrei zu ziehen. Damit sind übrigens nur die Sitzfalten gemeint und nicht die Bauchumschlagfalte, die bei dicken Bäuchen oberhalb des Schambeines entsteht. Schieben Sie Ihr Brustbein nach vorne oben.
- → Ziehen Sie die Schultern weit weg von den Ohren, stellen Sie sich vor, Ihre Schulterblätter fließen nach hinten unten.
- → Denken Sie sich Ihren Nacken lang, als würde Sie ein unsichtbarer Faden am Hinterkopf weit nach oben ziehen. Ziehen Sie Ihr Kinn leicht zurück zum Hals. In dieser Haltung ist Ihre Wirbelsäule ganz aufgerichtet.

Entscheiden Sie selber, ob Sie bei den Übungen lieber auf einem Stuhl oder einem Pezziball sitzen möchten. Der Pezziball hat aber den Vorteil, viel wackeliger als ein Stuhl zu sein. Dadurch erhält Ihr Gleichgewichtssystem neue Reize, da Sie Ihren Körper ständig ausbalancieren müssen. Diese Balance-Übung führt auch dazu, dass Sie fast alle Muskeln Ihres Körpers nutzen müssen, auch eine Vielzahl von kleinen und tiefer sitzenden Muskeln, die sonst kaum trainiert werden. Probieren Sie den Pezziball bei FreundInnen oder in einem Geschäft aus. Sie werden sehen: Es ist sehr angenehm, darauf zu sitzen, hin und her zu rollen und leicht zu wippen. In meinen Stunden habe ich immer wieder festgestellt, dass erwachsene Menschen, die auf einen Ball gesetzt werden, wieder anfangen zu spielen, indem sie darauf rollen, schaukeln und hoppeln. Achten Sie beim Kauf auf das zulässige Höchstgewicht. Die Größe des Balls sollte stets so bemessen sein, dass bei einem gut aufgeblasenen Ball Ihre Oberschenkel beim Sitzen leicht nach unten abfallen. Eine Person von 1,70 Metern benötigt zum Beispiel einen Ball mit einem Durchmesser von 65 Zentimetern.

Info Wenn Sie die Möglichkeit haben, sich seitlich vor einen Spiegel zu setzen, können Sie sich prima beobachten und kontrollieren. Wenn Sie Angst haben, der Ball könne platzen und Sie würden unsanft auf Ihrem Steißbein landen, empfehle ich Ihnen eine besondere Art von Sitzball. Es gibt Pezzibälle, die nicht platzen, wenn die Hülle verletzt wird, sondern nur langsam die Luft abgeben. Mit einem solchen Ball sinken Sie zu Boden, statt zu fallen. Diese Bälle sind zwar ein wenig teurer, aber die Investition lohnt sich auf jeden Fall. Fragen Sie auch bei Ihrer Krankenkasse nach, dort sind die Sitzbälle meist günstiger zu bekommen.

Übergang vom Stand zum Liegen und zurück

Ich erkläre Ihnen nun kurz, wie Sie knie- und rückenschonend auf den Boden gelangen können. Zunächst scheint diese Art sehr umständlich zu sein, ich kann Ihnen aber versichern, dass Sie damit Ihren Knien und Ihrem Rücken unnötige Belastungen ersparen.

Der Weg nach unten:

→ Stellen Sie sich aufrecht hin und setzen Sie einen Fuß weit nach vorne und verlagern Sie Ihr Gewicht auf beide Füße. (Abbildung oben rechts)

→ Stützen Sie sich, soweit es geht, auf einem Oberschenkel oder beiden Oberschenkeln auf.

→ Nun beugen Sie beide Knie und kommen langsam bis zum Boden. (Mitte rechts)

→ Jetzt liegt einer Ihrer Unterschenkel sowie ein Knie am Boden. Machen Sie dies einmal seitlich vor einem Spiegel: Wenn Sie am Boden sind, sollte Ihr vorderer Fuß auf jeden Fall vor Ihrem Kniegelenk sein. Sollte dies nicht «passen» und Ihr Knie ist vor Ihrem Fuß, haben Sie einen relativ großen Anpressdruck im Gelenk. Das bedeutet, dass die Kniescheibe an ihr Gleitlager gedrückt wird. Dies ist zum einen nicht sinnvoll, weil dadurch ein erhöhter Abrieb des Knorpels hinter der Kniescheibe erzeugt wird. Zum anderen haben viele Übergewichtige bereits Knorpelschäden im Gelenk, sodass oftmals relativ kurzfristig Schmerzen im Gelenk auftreten. Es kann sein, dass Sie diesen Übergang anfangs mehrmals üben müssen, bis er tatsächlich gut klappt.

→ Bringen Sie nacheinander beide Hände zum Boden.

Lassen Sie Ihren Rücken dabei ganz lang. (Abbildung S. 74 unten)

- Kommen Sie in den 4-Füßler-Stand, indem Sie das noch aufgestellte Bein neben das andere legen. (Abbildung oben rechts)
- Nun befinden sich die Knie unter Ihren Hüftgelenken, Ihre Hände unter Ihren Schultern. Ihr Rücken ist immer noch ganz lang.
- Setzen Sie sich neben Ihren Füßen auf Ihren Po. Jetzt sehen Sie aus wie eine kleine Meerjungfrau. (Abbildung Mitte)

- Lassen Sie den aufgestützten Arm zur Seite gleiten und legen Sie den Kopf darauf ab. (Abbildung unten)
- Nun sind Sie in der Seitlage und können bequem auf den Bauch oder Rücken rollen.

Der Weg nach oben:

- → Wenn Sie auf dem Bauch oder dem Rücken liegen, rollen Sie sich auf die Seite.
- → Stützen Sie sich mit Ihrem oberen Arm vor Ihrer Brust ab und drücken Sie sich hoch.
- → Sie landen wieder bei der kleinen Meerjungfrau. (Zweites Bild von oben)

- → Kommen Sie von hier aus auf Ihre Knie, in den Kniestand. (Drittes Bild von oben)
- → Stellen Sie einen Fuß nach vorne. Stützen Sie sich mit einer Hand oder beiden Händen auf den Oberschenkeln auf. Ihre Daumen zeigen dabei nach innen, die restlichen Finger nach außen. Achten Sie darauf, dass Sie sich nicht auf den Knien abstützen. Stellen Sie die Zehen des hinteren Fußes auf. Drücken Sie sich nun vorsichtig in den Stand. (Abbildung unten)

- → Wenn Sie beide Beine schließen, gelangen Sie wieder zur Ausgangsposition, in den normalen Stand.

Tipp Wenn Sie beim Tiefgehen unsicher sind oder Ihre Knie Probleme bereiten, nehmen Sie einen Stuhl oder Pezziball zu Hilfe. Stützen Sie sich mit einer Hand auf der Lehne ab und gehen Sie neben dem Stuhl in den Ausfallschritt. Wenn Sie nun die Hand auf der Sitzfläche ablegen, können Sie beim Beugen der Beine Gewicht an die Sitzfläche abgeben. Wenn Sie einen Ball benutzen, können Sie zwar ebenfalls einen Teil Ihres Körpergewichts abgeben, erhalten jedoch keine große Gleichgewichtshilfe.

4-Füßler-Stand

Die richtige Haltung

→ Ihre Knie sind unter Ihren Hüftgelenken, Ihre Hände unter Ihren Schultern. Die Ellenbogen sind locker, entspannt und leicht gebeugt.

→ Ziehen Sie Ihren Bauchnabel ein wenig Richtung Wirbelsäule, spüren Sie die leichte Anspannung in Ihrem Bauch. Dies ist wichtig, damit Sie im Rücken nicht durchhängen. Das passiert vor allem bei dicken Bäuchen sehr leicht, weil diese in dieser Position naturgemäß nach unten ziehen, wodurch auch die Wirbelsäule Richtung Boden gezogen wird.

→ Schieben Sie Ihr Brustbein nach vorne unten.

→ Ziehen Sie Ihren Rücken in seiner natürlichen S-Form lang, ohne ihn ganz gerade machen zu wollen.

→ Ziehen Sie die Schultern weg von den Ohren, Ihre Schulterblätter Richtung Steißbein.

Denken Sie sich Ihren Nacken ganz lang, er sollte in Verlängerung Ihrer Wirbelsäule bleiben. Das bedeutet, dass Sie in dieser Position stets nach unten schauen. Legen Sie daher beim Üben ein Handtuch in Ihrer Lieblingsfarbe auf den Boden, das macht den Anblick erfreulicher.

Tipp

- Oft drücken oder schmerzen die Knie in dieser Position. Manchmal reicht bereits ein Kissen oder eine Handtuchrolle unter den Knien, um ein angenehmeres Gefühl zu erreichen.
- Wenn Sie bereits eine Turnmatte besitzen, können Sie diese ein wenig zusammenrollen und Ihre Knie auf dieser Mattenrolle komfortabel lagern.
- Wenn Ihnen die Position Ihrer Handgelenke unangenehm ist, machen Sie zwei Fäuste und stellen diese auf. Das sieht zwar ein wenig nach der Haltung eines Gorillas aus, aber die Handgelenke bleiben dadurch in einer Linie mit den Unterarmen und werden kaum belastet.
- Sie können fast alle Übungen auch im Unterarmstütz (siehe unten) machen, wenn Ihnen der Gorilla-4-Füßler ebenfalls unangenehm ist.

Achtung Wenn Sie einen Knorpelschaden hinter der Kniescheibe haben (Chondromalazie, Chondropatia Patellae), sollten Sie jeden Druck von außen auf Ihre Kniescheibe vermeiden. Schließen Sie dann den 4-Füßler-Stand und Unterarmstütz aus. Wählen Sie stattdessen Übungen in anderen Positionen.
Dies gilt natürlich genauso, wenn Sie Schmerzen haben.

Unterarmstütz

Die richtige Haltung

- Sie befinden sich im 4-Füßler-Stand. Legen Sie nun Ihre Unterarme mit den Handinnenflächen Richtung Decke auf den Boden. Spreizen Sie Ihre Finger. Diese Unterarmhaltung übt nicht nur wieder ein Element des aufrechten Bewegungsmusters (die gespreizten Finger und nach außen gedrehten Daumen), sondern führt auch dazu, dass die gesamte Position ein wenig wackeliger ist. Dadurch werden eine Vielzahl von Muskeln beansprucht, die wir sonst nicht mittrainieren würden. Besonders Ihre Rumpfmuskulatur muss dadurch mehr arbeiten.

- → Ziehen Sie den Bauchnabel leicht zur Wirbelsäule, der Bauch spannt sich dadurch ein wenig an. Ziehen Sie Ihren Rücken ganz lang und schieben Sie Ihr Brustbein nach vorne unten.
- → Ziehen Sie die Schultern weit weg von den Ohren und die Schulterblätter Richtung Steißbein. Ihr Rücken darf nun seine natürliche S-Form haben, aber keinesfalls durchhängen. Bei Knieproblemen lesen Sie oben unter 4-*Füßler-Stand* nach, wie Sie die Knie am besten unterpolstern können.

Bauchlage

Die richtige Haltung

- → Sie liegen auf dem Bauch. Ihre Beine sind leicht geöffnet, die Fußspitzen zeigen leicht nach außen, Ihre Fersen zeigen zueinander. Wenn Sie Ihre Beine etwa hüftbreit auseinander legen, haben Sie bereits wieder ein Element des aufrechten Bewegungsmusters.
- → Lassen Sie Ihren Nacken in Verlängerung der Wirbelsäule also ganz lang gezogen. Sie können zum Beispiel Ihre Stirn auf Ihren Händen ablegen.
- → Ziehen Sie Ihre Schultern weg von den Ohren und Ihre Schulterblätter nach hinten unten.

Tipp

- Wenn Sie eine sehr große Brust haben, kann es passieren, dass Sie nur mit großer Mühe mit der Stirn den Boden oder Ihre abgelegten Hände berühren können. Machen Sie dann mit einer Hand eine Faust und legen Sie die Stirn auf der Faust ab.
- Versuchen Sie auch, eine Handtuchrolle oder Ähnliches unter die Stirn zu legen, aber achten Sie stets auf einen langen, gestreckten Nacken.
- Falls Sie den Druck auf der Brust nicht mögen, legen Sie sich ein Kissen direkt unterhalb der Brust unter den Bauch. Dadurch wird Ihr Oberkörper minimal angehoben, der Druck lässt aber ein wenig nach. Manche meiner Teilnehmerinnen legen zusätzlich noch ein Kissen oberhalb der Brust auf den oberen Brustkorb. Probieren Sie aus, was Ihnen am besten hilft.
- Wenn Sie in Bauchlage ein unangenehmes Gefühl im unteren Rücken und/oder in den Knien haben, legen Sie sich eine Handtuchrolle unter Ihre Fußgelenke.

Seitlage

Die richtige Haltung

- Sie legen sich auf eine Seite und ziehen sich ganz lang.
- Legen Sie Ihren Kopf auf dem unteren, gestreckten Arm ab, da ansonsten Ihre Halswirbelsäule abknickt.
- Ziehen Sie die Schulter weg von den Ohren und denken Sie sich Ihre Schulterblätter nach hinten unten.
- Schieben Sie Ihr Brustbein nach vorne oben und achten Sie auf einen langen Nacken.
- Stützen Sie sich mit der oberen Hand auf Schulterhöhe vor sich auf dem Boden auf.

Tipp

- Falls Sie das Gefühl haben, zusammengesunken zu liegen, versuchen Sie beide Hüftgelenke und Kniegelenke jeweils direkt übereinander zu bringen. Dann können Sie merken, wie sich das Taillendreieck ein wenig vom Boden löst. Das Taillendreieck ist die leichte Kurve im Übergang vom oberen zum unteren Rumpf ungefähr auf Taillenhöhe.
- Falls Sie einen unangenehmen Druck auf den seitlichen Oberschenkeln haben sollten: Sie können an dieser Stelle noch so gut gepolstert sein, das unangenehme Gefühl wird bleiben. Sie können stattdessen eine andere Übung in einer anderen Position durchführen.

Rückenlage

Die richtige Haltung

- Sie liegen lang ausgestreckt auf dem Rücken.
- Ihre Arme liegen mit den Handinnenflächen nach oben entspannt neben Ihnen.
- Ihre Beine sind geöffnet, die Füße kippen leicht und entspannt nach außen.
- Ziehen Sie Ihre Schultern weg von den Ohren und den Nacken lang.
- Ziehen Sie Ihr Kinn etwas zurück zum Hals.

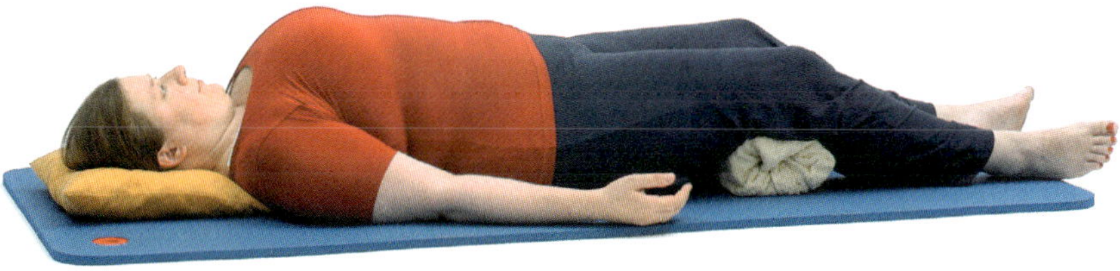

Tipp

- Bei einer sehr großen Oberweite und viel Übergewicht kann es passieren, dass Sie in dieser Position das Gefühl haben, zu wenig Luft zu bekommen, weil Ihre Oberweite Richtung Hals rutscht. Erhöhen Sie dann Ihre Kopfposition durch ein kleines Kissen.Wenn Sie ein unangenehmes Gefühl im unteren Rücken verspüren, können Sie dieses mildern, indem Sie eine Handtuchrolle unter Ihre Kniekehlen legen. Dadurch verändert sich leicht der Winkel im Hüftgelenk. Da Ihr Hüftbeuger zum Teil an der Lendenwirbelsäule ansetzt, mindern Sie so den Zug in diesem Bereich, da der Hüftwinkel ein wenig verkleinert wird.
- Wenn die Handtuchrolle in den Kniekehlen nicht den gewünschten Erfolg bringt, stellen Sie nacheinander die Füße auf. Lassen Sie die Füße in dieser Position oder legen Sie die Fußsohlen gegeneinander, sodass die Knie Richtung Boden sinken.

Wahrnehmungstraining

Versuchen Sie, ein Gespür für Ihre Wirbelsäule zu entwickeln. Erst dann werden Sie in der Lage sein, Ihre Haltung immer wieder zu korrigieren. Im Alltag ist es oft schwer, über einen längeren Zeitraum eine aufrechte Haltung einzunehmen. Aber je häufiger Sie dies üben, desto leichter wird es Ihnen fallen. Es gibt einige problemlos durchzuführende Wahrnehmungs- und Haltungsübungen, von denen ich Ihnen eine besonders ans Herz legen möchte: den Frosch. Hierbei trainieren Sie nicht nur das Gefühl für Ihren Rücken, sondern üben bereits im Liegen das aufrechte Bewegungsmuster ein. Zudem ist diese Übung sehr entspannend, weil Sie sich auf sich selbst konzentrieren und sehr bewusst atmen.

Vielleicht finden Sie die Position anfangs etwas seltsam, das ist völlig in Ordnung und wird von vielen so empfunden. Achten Sie auf Ihren Körper und wie er sich anfühlt. Nehmen Sie sich Zeit und Ruhe für die Übung. Stellen Sie ruhig Ihr Telefon ab und sagen Sie

Ihrer Familie, dass Sie nicht gestört werden möchten.

- Wenn Sie den Frosch durchführen, werden Sie nicht nur merklich ruhiger und entspannter, sondern Sie beschäftigen sich intensiv mit Ihrem Körper.
- Nehmen Sie Ihren Körper einfach nur wahr, bewerten Sie ihn nicht. Vergleichen Sie sich nicht mit einem Fotomodell oder mit Ihrer Freundin.
- Ihr Körper ist einzigartig.

Achten Sie darauf, welche der folgenden Positionen für Sie am angenehmsten ist. Sollten Sie das Gefühl haben, dass Ihnen etwas nicht gut tut, so akzeptieren Sie es und wandeln Sie die Haltung einfach ein wenig ab.

Der Frosch

Ausgangsposition: Rückenlage

- Legen Sie sich auf den Rücken.
- Stellen Sie nacheinander beide Füße auf. Ihr Rücken liegt nun relativ flach am Boden.
- Legen Sie beide Fußsohlen gegeneinander, Ihre Knie sinken dadurch Richtung Boden. Ihr unterer Rücken hebt sich durch die Bewegung der Knie ein wenig vom Boden ab:

Ihr Becken gelangt in die Kippung.

- Legen Sie Ihre Arme auf Schulterhöhe ab, beugen Sie die Ellenbogen, sodass Ihre Arme in U-Form am Boden liegen. Die Handinnenflächen zeigen dabei Richtung Decke. Wenn Ihnen diese Armposition unangenehm ist, lassen Sie sie einfach auf Schulterhöhe ausgestreckt am Boden liegen.
- Ziehen Sie die Schultern weit weg von den Ohren und stellen Sie sich vor, Ihre Schulterblätter fließen Richtung Steißbein.
- Denken Sie sich Ihren Nacken ganz lang und ziehen Sie das Kinn leicht zurück zum Hals.
- Schließen Sie Ihre Augen und spüren Sie, wie Ihr Rücken sich anfühlt:
  Wo berührt er den Boden?
  Wie viel Abstand zum Boden hat Ihr Rücken, wo er ihn nicht berührt? Welche Form hat Ihre Wirbelsäule in dieser Position?
  Fühlt sich Ihr Rücken entspannt an?
  Wie fühlt sich Ihr Bauch an?
  Wie fühlt sich Ihre Brustmuskulatur an?
  Spüren Sie irgendwo eine Dehnung?

Wenn Sie zu Verspannungen im Nackenbereich neigen oder einen Beruf ausüben, in dem Sie viel sitzen und vielleicht noch am Computer schreiben, kann es passieren, dass Sie eine Dehnung im hinteren Nacken entlang der Halswirbelsäule spüren. Diese Dehnung kann sich bis zu Ihren Fingerspitzen ziehen. Sollte die Dehnung zu stark sein, sodass sie unangenehm wird, ziehen Sie das Kinn nicht so weit Richtung Hals. Dies führt bereits zu einem deutlichen Nachlassen der Dehnung. Sollte die Dehnung angenehm sein, halten Sie sie.

- Verändern Sie nun die Position, indem Sie ein zusammengerolltes Handtuch unter Ihre Lendenwirbelsäule legen.
- Ziehen Sie wieder die Schultern weg von den Ohren, denken Sie sich den Nacken lang, ziehen Sie das Kinn leicht zurück zum Hals.
- Schließen Sie wieder Ihre Augen.
  Spüren Sie einen Unterschied?
  Wo berührt Ihr Rücken nun den Boden?
  Welche Form hat Ihre Wirbelsäule?
  Ist Ihr Rücken entspannt?
  Wie fühlt sich Ihr Bauch und wie fühlen sich Ihre Brustmuskeln an? Spüren Sie irgendwo eine Dehnung?

Verharren Sie ein wenig in dieser Position und vergleichen Sie Ihre Lage mit der Position ohne Unterlagerung der Lendenwirbelsäule.

- Verändern Sie noch einmal Ihre Position, indem Sie die Handtuchrolle unter Ihren Brustkorb legen. Achten Sie darauf, dass Ihr Nacken lang bleibt, und ziehen Sie bewusst Ihr Kinn ein wenig zurück zum Hals.
- Schließen Sie Ihre Augen und spüren Sie Ihren Rücken. Welche Form hat Ihre Wirbelsäule jetzt? Fühlt sich Ihr Rücken entspannt an? Wie fühlen sich nun Ihre Bauch- und Ihre Brustmuskeln an? Vielleicht spüren Sie sogar eine leichte Dehnung in den Brustmuskeln?

Bleiben Sie in dieser Position und vergleichen Sie Ihre Beobachtungen mit den ersten beiden Positionen.

- Gibt es eine Position, die sich für Sie besser anfühlt als die anderen?
- Suchen Sie sich Ihre Lieblingsposition heraus und nehmen Sie diese ein.
- Ziehen Sie wieder beide Schultern weit weg von den Ohren.
- Stellen Sie sich vor, wie Ihre Schulterblätter in Richtung Ihres Steißbeins fließen.
- Denken Sie sich Ihren Nacken lang und ziehen Sie Ihr Kinn leicht zurück zum Hals.
- Schieben Sie nun Ihr Brustbein und Ihre Schlüsselbeine ganz weit Richtung Decke und halten Sie diese Position. Atmen Sie gleichmäßig weiter.
- Zählen Sie 10 Atemzüge ab und lösen Sie dann Ihre Haltung.
- Spüren Sie nach, wo die Anspannung nachlässt.
- Wiederholen Sie die Übung. Halten Sie nun die Position 20 Atemzüge lang. Fühlen Sie, ob sich Ihr Körper irgendwo anspannt oder ob Sie irgendwo eine Dehnung haben.
- Lösen Sie nach den 20 Atemzügen und fühlen Sie, wie Ihr Körper sich wieder entspannt.
- Machen Sie die Übung noch einmal, halten Sie die Position über 30 Atemzüge.

Gleichgewichtstraining

Viele übergewichtige Menschen haben Angst vor Situationen, in denen Ihr Gleichgewichtssinn gefordert wird.
Inlineskating? Für viele Dicke ist daran nicht zu denken. Und das, obwohl gerade Skating ein prima Training bei zu viel Pfunden ist und riesigen Spaß macht. Auf einem Baumstamm balancieren? Oje. Und auch die Vorstellung, sich auf einen Pezziball zu setzen, macht vielen bereits Angst. Bei älteren Menschen sind Gleichgewichtsprobleme sogar der häufigste Grund für Stürze.
Oftmals lassen sich Gleichgewichtsstörungen gar nicht nachweisen, und doch mindert allein die Angst davor die Lebenslust.
Der Gleichgewichtssinn kann bereits mit einfachen Übungen geschult und verbessert werden.

→ Probieren Sie doch, beim Zähneputzen auf einem Bein zu stehen.
→ Balancieren Sie morgens auf dem Weg ins Büro auf der Bordsteinkante und wedeln Sie dabei ruhig herrlich kindisch mit den Armen in der Luft herum.
→ Legen Sie jeweils zwei oder drei Handtücher zusammengelegt übereinander und stapfen Sie von einem zum anderen Handtuchhaufen. Tun Sie dies ganz langsam, so als wären Sie Teil einer Filmszene, die in Zeitlupe läuft.
→ Versuchen Sie auf den Zehenspitzen zu stehen und zu gehen. Gehen Sie danach nur auf den Fersen. Dabei werden auch Ihre Venen gleich mit trainiert.
→ Fahren Sie mal wieder Fahrrad. In vielen Städten werden Fahrradfahr-Lern-Kurse für Erwachsene angeboten.

All diese Übungen können Sie immer wieder in Ihren Alltag einbinden. Gönnen Sie sich jeden Tag fünf Minuten für Ihren Gleichgewichtssinn.

Sie haben auch die Möglichkeit, sich durch eine Gleichgewichtsübung aufzuwärmen, bevor Sie mit den Kräftigungsübungen beginnen:

→ Gehen Sie auf der Stelle und zählen Sie im Takt Ihrer Schritte immer wieder bis vier. Nun beginnen Sie, auf vier das jeweilige Bein zu heben und kurz in der Luft zu halten. Sie können auch stattdessen «gehen – gehen – gehen – hoch» sagen.

- Auf «hoch» bleiben Sie stehen, mit dem Bein in der Luft. Stellen Sie sich einfach einen Film vor, der immer wieder angehalten wird und dann weiterläuft.
- Wenn Sie nun das Gehen ein wenig beschleunigen, werden Sie feststellen, dass es schwieriger wird, das Gleichgewicht beim Beinheben zu halten. Zudem wird Ihnen nach wenigen Minuten bereits recht warm werden. Das Ausbalancieren wird übrigens noch schwieriger, wenn Sie auf einem wackeligen Untergrund stehen wie zum Beispiel dicken Kissen.

Ball-Balance

Ausgangsposition: Sitzen auf dem Ball

- Ihre Beine sind so weit geöffnet, dass Ihr Bauch bequem dazwischen Platz hat. Ihre Knie haben ungefähr einen rechten Winkel und zeigen in Richtung des «Ringzehs».
- Ziehen Sie Ihren Bauch ganz lang und fast faltenfrei und schieben Sie Ihr Brustbein nach vorne oben.
- Ziehen Sie die Schultern weg von den Ohren.
- Denken Sie sich Ihre Schulterblätter nach hinten unten und Ihren Nacken ganz lang.

Ausführung:

- Heben Sie beide Arme ungefähr auf Schulterhöhe und spreizen Sie die Finger, lassen Sie jedoch die Schulterblätter weit weg von den Ohren.
- Nun wird es wackelig: Halten Sie sich möglichst aufrecht und heben Sie einen Fuß ein klein wenig vom Boden ab.
- Versuchen Sie das Gleichgewicht zu halten. Machen Sie sich keine Sorgen, dass Sie vom Ball fallen könnten, Ihr Fuß ist

ja nur ein paar Zentimeter vom Boden entfernt.

→ Hört sich einfach an? Probieren Sie es aus!

→ Wenn Sie nach einiger Übung ruhig sitzen können, wenn Sie ein Bein heben, schließen Sie währenddessen die Augen. Dies ist wesentlich schwieriger, da unser Auge ein wichtiges Hilfsmittel beim Halten des Gleichgewichts ist.

→ Für Gleichgewichts-Profis: Heben Sie beide Beine. Das klappt nach vielem Üben tatsächlich.

Marionette

Ausgangsposition: Stand

→ Stellen Sie sich etwa hüftbreit mit leicht nach außen zeigenden Fußspitzen hin. Ihre Knie sind ganz weich und entspannt.

→ Ziehen Sie Ihren Bauch lang, schieben Sie Ihr Brustbein nach vorne oben. Ziehen Sie die Schultern weg von den Ohren, Ihre Schulterblätter nach hinten unten.

→ Denken Sie sich Ihren Nacken lang und ziehen Sie das Kinn leicht zurück zum Hals.

Ausführung:

→ Verlagern Sie das Gewicht auf das linke Bein. Versuchen Sie dabei, so aufrecht wie möglich zu bleiben.

→ Bewegen Sie nun auf einem Bein stehend die beiden Arme und das Spielbein, als wären Sie eine Marionette. Tun Sie dies zuerst ganz langsam und versuchen Sie weiterhin das Gleichgewicht zu halten.

→ Wechseln Sie immer wieder die Richtung, in die Sie die Arme und das Bein bewegen.

→ Werden Sie dann ein wenig schneller.

→ Spüren Sie in Ihre Unterschenkel und Ihre Sprunggelenke. Merken Sie, wie sehr dort gearbeitet wird?

- Lassen Sie sich nicht davon stören, dass Sie ein wenig wie ein Hampelmann oder wie eine Marionette aussehen. Wenn Sie sich albern vorkommen, stellen Sie sich für diese Übung vor den Spiegel und schmunzeln Sie über sich selbst. Das hilft immer!
- Für Gleichgewichtsprofis: Schließen Sie bei der Marionette die Augen. Blinzeln Sie zwischendurch, wenn es zu wackelig wird.

Kräftigungstraining

Hier finden Sie eine große Auswahl an Übungen zur Kräftigung Ihrer Muskulatur. Sie können sich die Übungen frei zusammenstellen, sollten jedoch darauf achten, dass Sie folgende Muskeln möglichst häufig trainieren:

- Langer Rückenstrecker (M. erector spinae),
- mittlerer Anteil des Kappenmuskels (m. trapezius),
- gerade und schräge Bauchmuskeln (M. rectus abdominis sowie M. obliquus internus und externus),
- Beinbeuger (Mm. ischiocrurales),
- Beinstrecker (M. quadrizeps femoris),
- großer Gesäßmuskel (M. glutaeus maximus)

In der Abbildung auf Seite 122 finden Sie die einzelnen Muskeln anschaulich dargestellt.
Bei einigen Übungen wird die entsprechende Muskulatur mit einem verhältnismäßig geringen Gewicht trainiert. Man spricht hierbei von Übungen unter Entlastung. Diese sind vor allem bei arthrotischen Gelenksveränderungen oder bestehender Instabilität eines Gelenks auf Grund mangelnder Ausprägung der umgebenden Muskulatur anzuraten.

Wenn Sie die Übungen nicht selbst zusammenstellen möchten, finden Sie im Kapitel «Übungspläne» einige komplette Abläufe. Es ist bestimmt auch einer für Sie dabei.

Ganzkörperkräftigung – Rumpfstabilisation

Bei diesen Übungen kräftigen Sie Ihren ganzen Körper. Besonders wichtig sind hierbei die Muskeln, die Ihren Rumpf stabilisieren, also vor allem Ihre Bauch- und Rückenmuskeln. Achten Sie auf eine aufrechte Haltung der Wirbelsäule, dann können Sie Ihre Muskeln in Ihrer stabilisierenden Funktion optimal kräftigen.

Der Rumpfstabilisator

Ausgangsposition: 4-Füßler-Stand

- Kommen Sie in den 4-Füßler-Stand.
- Ihre Knie befinden sich unter Ihren Hüften, Ihre Hände unter Ihren Schultern.
- Ziehen Sie die Schultern weit weg von den Ohren und ziehen Sie Ihre Schulterblätter Richtung Steißbein.
- Denken Sie sich Ihren Nacken lang, Ihr Blick ist zum Boden gerichtet, dadurch bleibt Ihr Kopf in der Verlängerung Ihrer Wirbelsäule.
- Ihre Ellenbogen sind leicht gebeugt, Ihre Zehenspitzen aufgestellt.
- Ziehen Sie Ihren Bauchnabel Richtung Wirbelsäule, sodass sich Ihr Bauch leicht anspannt.
- Denken Sie sich Ihren Rücken ganz lang. Er sollte nun seine normale S-Form haben.

Ausführung:

- Bleiben Sie bei Ihrer Haltung und heben Sie nun Ihre gebeugten Knie ein paar Zentimeter vom Boden ab. Ihre Knie sollten nicht mehr als zehn Zentimeter Abstand zum Boden haben.
- Halten Sie dann die Position. Achten Sie darauf, dass Ihr Rücken schön lang und Ihr Blick zum Boden gerichtet bleibt. Die Ellenbogen bleiben leicht gebeugt.
- Atmen Sie gleichmäßig weiter.
- Halten Sie diese Position, solange Sie können.
- Legen Sie die Knie dann wieder ab.
- Nach einer kleinen Pause gehen Sie wieder in die Ausgangsposition und beginnen von vorn.

Tipp Diese Übung ist Ihnen zu leicht? Halten Sie sie einfach länger. Wenn das längere Halten allmählich langweilig wird, versuchen Sie einmal Folgendes:

→ Gehen Sie in die Ausgangsposition und heben Sie die Knie vom Boden ab.
→ Stellen Sie nun Ihre Füße ein wenig weiter zurück, sodass Ihr Körper ein bisschen länger wird.
→ Halten Sie die Position.

Es ist nur eine kleine Änderung, aber die Übung wird gleich um einiges schwerer.

Langer Rückenstrecker

Der Rückenstärker im Sitzen

Ausgangsposition: Sitzen

→ Setzen Sie sich auf den Ball.
→ Ihre Beine sind so weit geöffnet, dass Ihr Bauch dazwischen bequem Platz hat.
→ Die Füße zeigen leicht nach außen.
→ Ihre Knie zeigen in Richtung des «Ringzehs» und sind etwa im rechten Winkel gebeugt.
→ Ziehen Sie Ihren Bauch lang und (Sitz-)faltenfrei, schieben Sie Ihr Brustbein nach vorne oben.
→ Denken Sie sich Ihren Nacken lang, ziehen Sie die Schultern weg von den Ohren und denken Sie sich Ihre Schulterblätter nach hinten unten. Ihr Rücken ist nun aufgerichtet.

Ausführung:

→ Strecken Sie Ihre Arme neben sich aus, sodass die gespreizten Finger zum Boden zeigen.
→ Ziehen Sie die gestreckten Arme ein wenig weiter zurück.
→ Neigen Sie den gestreckten Oberkörper nach vorne und richten Sie sich mit langem Rücken wieder auf.
→ Wiederholen Sie das Vorbeugen und Aufrichten, bis Ihr Rücken ermüdet.
→ Achten Sie darauf, dass Ihr Oberkörper während der Übung ganz lang bleibt.
→ Sie können am besten Ihre Haltung kontrollieren, wenn Sie sich seitlich zu einem Spiegel setzen. Wenn Sie keinen Spiegel besitzen, nutzen Sie doch einfach während der Dunkelheit Ihre Balkontür als Spiegel.

Sie können als Kontrolle auch den Trick auf Seite 104 ausprobieren.

- Wenn Sie ein unangenehmes Gefühl im unteren Rücken bemerken, sollten Sie die Übung beenden.

- Für Fortgeschrittene: Legen Sie während der Übung Ihre Arme über Kreuz auf Ihre Schultern. Die Übung wird dadurch ein wenig schwerer.

Der Rückenstärker im Liegen

Ausgangsposition: Bauchlage

- Legen Sie sich auf den Bauch, mit leicht geöffneten Beinen.
- Lassen Sie Ihre Fersen ganz entspannt nach innen kippen. Machen Sie sich keine Sorgen, wenn Ihre Fersen nicht den Boden berühren, denn nur Menschen, die im Hüftgelenk sehr beweglich sind, gelingt dies.
- Legen Sie Ihre Arme dicht neben Ihren Körper, die gespreizten Finger zeigen Richtung Füße.
- Ziehen Sie Ihre Schultern weit weg von Ihren Ohren.
- Halten Sie Ihren Kopf in der Verlängerung der Wirbelsäule, das bedeutet, Sie schauen während der ganzen Übung auf den Boden.
- Spannen Sie Ihren Po leicht an und spüren Sie, wie sich dadurch die Position Ihres Beckens verändert: Ihr Schambein bewegt sich Richtung Boden, Ihr Becken wird aufgerichtet.

Ausführung:

- Heben Sie nun Ihre Arme ein wenig vom Boden ab.
- Heben Sie Ihren Oberkörper nun so weit vom Boden ab, dass Ihre Füße noch am Boden bleiben können und der Druck auf Ihrem Magen nicht unangenehm ist.
- Denken Sie sich Ihren Rücken bei dieser Bewegung ganz lang.
- Senken Sie den Oberkörper wieder ab und beginnen Sie von vorn.

→ Wiederholen Sie das Heben und Senken so lange, bis Sie merken, dass Ihre Rückenmuskeln ermüden. Legen Sie dann eine Pause ein und beginnen Sie von vorn.

Wenn Sie eine große Brust haben, kann es sein, dass Sie auch in der höchsten Position mit Ihrer Brust noch den Boden berühren. Für die Übung ist das unerheblich.

→ Für Fortgeschrittene: Halten Sie Ihren Oberkörper in der Luft und heben Sie Ihre Arme auf Schulterhöhe. Spüren Sie den Unterschied? Diese Position ist für den Rücken viel anstrengender.
→ Sie sind topfit? Dann probieren Sie einmal die Arme, während Sie den Oberkörper in der Luft halten, nach vorne (also in Verlängerung Ihres Körpers) zu heben. Die Arme bleiben dabei natürlich in der Luft! Halten Sie diese Position, bis Sie Ihnen zu anstrengend wird.

Falls Sie nach wenigen Sekunden kraftlos zum Boden zurückplumpsen, kann ich Sie beruhigen, das ist völlig normal. Diese Übung ist sehr anstrengend!

Das Diagonalheben

Ausgangsposition: Bauchlage

→ Legen Sie sich auf Ihren Bauch und strecken Sie Ihre Beine und Arme lang aus.
→ Stellen Sie die Zehenspitzen auf, lassen Sie Ihre Knie locker.
→ Drehen Sie Ihre Daumen in Richtung Decke.
→ Halten Sie Ihren Kopf in Verlängerung Ihrer Wirbelsäule, sodass Sie während der gesamten Übung auf den Boden schauen.
→ Denken Sie sich Ihren Nacken ganz lang.

→ Ziehen Sie Ihre Schultern weit weg von den Ohren, lassen Sie Ihre Schulterblätter Richtung Steißbein fließen.

Ausführung:

→ Heben und senken Sie gleichzeitig Ihren rechten Arm und Ihr linkes Bein. Stellen Sie sich vor, wie Sie hierbei ganz lang werden.

→ Wechseln Sie die Seiten.

Oberer Rücken und hinterer Schultergürtel

Die Adlerschwinge

Ausgangsposition: Bauchlage

→ Legen Sie sich auf den Bauch.

→ Öffnen Sie Ihre Beine ein wenig und lassen Sie Ihre Fersen ganz entspannt Richtung Boden kippen.

→ Legen Sie Ihre Stirn auf dem Boden ab. Sollte Ihnen dies Unbehagen bereiten, legen Sie sich ein Kissen oder eine Handtuchrolle unter Ihre Stirn. Sollten Sie beispielsweise während einer Gymnastikstunde kein Handtuch haben, um Ihre Stirn zu unterlagern, halten Sie Ihre Stirn parallel zum Boden. Auch so können Sie dafür Sorge tragen, dass Ihr Nacken lang und aufgerichtet bleibt.

→ Legen Sie Ihre Arme mit den Handinnenflächen zum Boden auf Schulterhöhe ab.

→ Beugen Sie die Ellenbogen, sodass Ihre Arme ein großes U bilden.

→ Ziehen Sie Ihre Schultern weit weg von Ihren Ohren.

Ausführung:

→ Heben Sie Ihre Arme nur einen Zentimeter vom Boden ab und ziehen Sie Ihre Schultern nochmals weg von Ihren Ohren.

→ Stellen Sie sich vor, Ihre Schulterblätter fließen Richtung Steißbein.

→ Heben und senken Sie Ihre Arme.

- Spüren Sie, wie die Muskeln zwischen den Schulterblättern arbeiten müssen.
- Der tiefste Punkt Ihrer Arme ist während des Hebens und Senkens immer einen Zentimeter über dem Boden.
- Machen Sie diese Übung ruhig ganz langsam und stellen Sie sich vor, dass Ihre Arme und Schultern so kraftvoll wie Adlerschwingen sind.
- Für Fortgeschrittene: Heben und senken Sie Ihre gestreckten Arme.

Langer Armzieher (Breiter Rückenmuskel)

Ausgangsposition: Sitzen

- Setzen Sie sich auf den Ball.
- Öffnen Sie die Beine so weit, dass Ihr Bauch dazwischen bequem Platz hat.
- Legen Sie sich ein Theraband oder Tube unter den linken Fuß.
- Ihre Füße zeigen leicht nach außen.
- Nehmen Sie die Griffe/Enden des Tubes/Therabandes in die Hände und ziehen Sie so, dass die linke Seite des Bandes/Tubes länger ist als die rechte.
- Ihre Knie zeigen in Richtung der «Ringzehen».
- Ziehen Sie Ihren Bauch lang, schieben Sie Ihr Brustbein nach vorne oben.
- Ziehen Sie die Schultern weg von den Ohren und die Schulterblätter nach hinten unten.
- Denken Sie sich Ihren Nacken lang und ziehen Sie das Kinn leicht zurück zum Hals.

Ausführung:

- Beugen Sie den langen Rücken leicht vor.
- Legen Sie Ihr rechtes Handgelenk auf Ihren rechten Oberschenkel. Diese Hand bleibt dort.
- Strecken Sie den linken Arm nach vorne unten. Hierbei sollte das Band/Tube bereits leicht unter Spannung

stehen. Korrigieren Sie, wenn nötig.

- Führen Sie nun den gestreckten linken Arm zurück, bis er sich deutlich hinter Ihrem Rücken befindet.
- Führen Sie den Arm wieder in die Ausgangsposition.
- Wiederholen Sie die Übung so lange, bis Ihr hinterer Oberarm ermüdet.
- Wechseln Sie dann die Seite.

Das Luft-U (Mittlerer Anteil des Kapuzenmuskels)

Ausgangsposition: Sitzen

- Setzen Sie sich auf den Ball.
- Öffnen Sie die Beine so weit, dass Ihr Bauch dazwischen bequem Platz hat.
- Ihre Füße zeigen leicht nach außen.
- Ihre Knie zeigen in Richtung der «Ringzehen».
- Ziehen Sie Ihren Bauch lang, schieben Sie Ihr Brustbein nach vorne oben.
- Ziehen Sie die Schultern weg von den Ohren und die Schulterblätter nach hinten unten.
- Denken Sie sich Ihren Nacken lang und ziehen Sie das Kinn leicht zurück zum Hals.
- Nehmen Sie die Griffe/Enden des Tubes/Therabandes in die Hände.
- Wenn Sie Ihre Arme schulterbreit nach vorne strecken, sollte das Band bereits gespannt sein.

Ausführung:

- Heben Sie Ihre gestreckten Arme auf Schulterhöhe nach vorne.
- Das elastische Band bleibt leicht gespannt.
- Beugen Sie die Ellenbogen und ziehen Sie die Arme so weit zurück, bis die Ellenbogen sich

neben Ihren Schultern befinden (siehe Abbildung).

- → Führen Sie Ihre Arme wieder nach vorne, bis die Ellenbogen gestreckt sind.
- → Wiederholen Sie diese Übung, bis Sie spüren, wie Ihr oberer Rücken beziehungsweise der hintere Schultergürtel ermüdet.
- → Achten Sie darauf, dass Ihre Arme sich während der gesamten Übung auf Schulterhöhe befinden.
- → Ziehen Sie zudem immer wieder ganz bewusst Ihre Schultern weg von den Ohren. Sonst kann es passieren, dass sich schon nach wenigen Wiederholungen Ihr Nacken verspannt.

Der Armdreher (Außenrotatoren der Schultern, Aufrichtung der Brustwirbelsäule)

Ausgangsposition: Sitzen

- → Setzen Sie sich auf den Ball.
- → Öffnen Sie die Beine so weit, dass Ihr Bauch dazwischen bequem Platz hat.
- → Ihre Füße zeigen leicht nach außen.
- → Ihre Knie zeigen in Richtung der «Ringzehen».
- → Ziehen Sie Ihren Bauch lang, schieben Sie Ihr Brustbein nach vorne oben.
- → Ziehen Sie die Schultern weg von den Ohren und die Schulterblätter nach hinten unten.
- → Denken Sie sich Ihren Nacken lang und ziehen Sie das Kinn leicht zurück zum Hals.
- → Nehmen Sie die Griffe/Enden des Tubes/Therabandes in die Hände. Wenn Sie Ihre angewinkelten Arme schulterbreit nach vorne halten, sollte das Band gespannt sein.

Ausführung:

- → Stellen Sie sich vor, Ihre Oberarme sind mit einer Schnur an Ihrem Oberkörper festgebunden.
- → Drücken Sie Ihre Ellenbogen fest an Ihren Rumpf und beugen Sie sie.

- Drehen Sie Ihre Handinnenflächen Richtung Decke, die Daumen zeigen nach außen.
- Wenn Sie ein Tube haben, können Sie in dieser Position Ihre Finger spreizen.
- Stellen Sie sich vor, dass Sie auf Ihren Unterarmen und Händen ein Tablett tragen.
- Ziehen Sie gegen den Widerstand des elastischen Bandes die Daumen nach außen. (Abbildung rechts)
- Und lösen Sie langsam wieder.
- Wiederholen Sie diese Bewegung, bis Sie Ihre Oberarme spüren.
- Achten Sie darauf, dass Ihre Ellenbogen dicht am Körper bleiben und Ihre Hände stets auf einer Höhe bleiben, sonst fällt das Tablett herunter!

Bauchmuskeln

Crunches (Gerader Bauchmuskel)

Ausgangsposition: Rückenlage

- Legen Sie sich auf den Rücken.
- Stellen Sie nacheinander beide Füße hüftbreit auf.
- Legen Sie beide Hände, ohne sie zu verschränken, rechts und links an den Hinterkopf.
- Bringen Sie die Ellenbogen ganz weit nach außen, ziehen Sie die Schultern weit weg von den Ohren. Versuchen Sie während der ganzen Übung, die Ellenbogen so weit außen zu belassen.
- Denken Sie sich Ihren Nacken ganz lang. Wenn Sie keine große Oberweite und nur wenig Fett unter Ihrem Kinn

haben, passt zwischen Kinn und Brustbein immer noch ein Tennisball oder eine Faust.

Tipp **Ziehen Sie Ihre Fußspitzen Richtung Nase und drücken Sie die Fersen bewusst in den Boden. Spüren Sie, wie sich sowohl die Beinrückseite als auch Ihr Beckenboden anspannt? Durch diese kleine Änderung können Sie während des Bauchmuskeltrainings zusätzlich Ihren Beckenboden aktivieren!**

Ausführung:

- → Heben Sie Ihren Oberkörper und Ihre Arme etwa einen Zentimeter vom Boden ab.
- → Dann heben und senken Sie Ihren Oberkörper. Der tiefste Punkt ist dabei stets einen Zentimeter über dem Boden, dadurch haben Sie während der ganzen Übung Spannung im Bauchmuskel.
- → Am höchsten Punkt sind die Schultern abgehoben und der untere Rücken noch am Boden.
- → Wenn Sie einen dicken Bauch haben, werden Sie vermutlich nicht so hoch kommen, weil dieser Ihnen im Weg ist. Das ist aber nicht schlimm, Hauptsache, Sie spüren, wie Ihr Bauchmuskel arbeiten muss.

Führen Sie die Crunches langsam und sehr bewusst durch. Wenn Sie sie schnell durchführen, laufen Sie Gefahr, an Ihrem Nacken zu reißen.

Tipp **Wenn Sie ein zusammengerolltes Handtuch unter Ihre Lendenwirbelsäule legen, kippt Ihr Becken leicht. Dadurch entspricht die Haltung der normalen S-Form Ihrer Wirbelsäule und nähert sich dem aufrechten Bewegungsmuster an. Probieren Sie es einmal aus und entscheiden Sie dann, ob es sich für Sie gut anfühlt.**

Handtuch-Crunches

Fällt es Ihnen schwer, Ihre Hände an den Hinterkopf zu legen? Oder haben Sie ständig ein unangenehmes Gefühl im Nacken bei den Crunches? Dann probieren Sie die Handtuch-Crunches aus, sie werden Ihnen helfen, Ihren Nacken zu entlasten.

Ausgangsposition: Rückenlage

→ Legen Sie sich mit Ihrem Rücken auf ein Handtuch. Die obere Handtuchkante ist ein paar Zentimeter von Ihrem Kopf entfernt.

→ Stellen Sie nacheinander Ihre Füße etwa hüftbreit auf.

→ Greifen Sie mit Ihren Händen rechts und links neben Ihrem Kopf die Kante des Handtuchs.

→ Drücken Sie die Ellenbogen weit nach außen, ziehen Sie die Schultern weit weg von den Ohren und denken Sie sich Ihren Nacken ganz lang.

Ausführung:

→ Heben Sie Ihren Oberkörper und die Arme einen Zentimeter vom Boden ab. Spannen Sie dabei das Handtuch zwischen Ihren Händen, sodass Ihr Kopf zum Teil durch das Handtuch getragen wird.

→ Heben und senken Sie den Oberkörper wie bei den Crunches beschrieben.

→ Heben und senken Sie Ihren Oberkörper. Der tiefste Punkt ist dabei stets einen Zentimeter über dem Boden, dadurch haben Sie während der ganzen Übung Spannung im Bauchmuskel.

→ Am höchsten Punkt sind die Schultern abgehoben und der untere Rücken noch am Boden.

- Führen Sie die Crunches langsam und sehr bewusst durch. Wenn Sie diese schnell durchführen, laufen Sie Gefahr, an Ihrem Nacken zu reißen.

Ball-Crunches

Der Tag war lang, Sie haben dicke Beine, und Ihr unterer Rücken tut Ihnen weh? Dann legen Sie für die Crunches Ihre Beine auf einen Pezzi-Ball oder einen Stuhl. Durch die Hochlagerung werden Ihre Venen entlastet, das Blut kann leichter zurückfließen. Zudem wird ein wenig Druck von der Lendenwirbelsäule genommen . Einige von Ihnen kennen vielleicht noch die Stufenlagerung vom letzten Hexenschuss? Auch hierbei werden die Beine so hochgelegt, dass in den Knien und in der Hüfte ein rechter Winkel entsteht. Gerade für diejenigen, die zu einem Hohlkreuz neigen, ist diese Position sehr angenehm. Der Rücken liegt hierbei flach auf dem Boden und kann sich gut entspannen.

Die Seithebe (Äußere und innere schräge Bauchmuskeln)

Ausgangsposition: Seitlage

- Legen Sie sich auf eine Seite und legen Sie Ihren Kopf auf dem unteren, lang gestreckten Arm ab.
- Stützen Sie sich vor Ihrer Brust mit der oberen Hand am Boden auf.
- Denken Sie sich Ihren Nacken lang, ziehen Sie die Schultern weg von den Ohren und ziehen Sie Ihren Bauch und Rücken ganz lang.
- Ihre Beine liegen in Verlängerung Ihres Oberkörpers. Wenn man von oben auf Sie schauen würde, bildeten Sie, abgesehen von ein paar Wölbungen an Po, Bauch und Brust, eine gerade Linie. Stellen Sie sich vor, beide Schultern, beide Hüften und

beide Knie liegen jeweils direkt übereinander, so als wären sie auf eine Schnur aufgefädelt.

Ausführung:

- Heben Sie beide Beine etwa einen Zentimeter vom Boden ab.
- Heben und senken Sie beide Beine. Der tiefste Punkt liegt stets einen Zentimeter über dem Boden.
- Wiederholen Sie das Heben und Senken, bis Sie Ihre seitlichen Rumpfmuskeln spüren und es anstrengend wird.
- Rollen Sie sich über Ihren Rücken auf die andere Seite und wiederholen Sie die Seithebe.
- Versuchen Sie während der gesamten Übung Ihren Körper ganz stabil zu halten, sodass Sie weder nach hinten noch nach vorne kippen. Gerade anfangs fühlt sich die Seithebe ziemlich wackelig an. Das macht aber nichts, mit ein wenig Übung bekommen Sie ein gutes Gespür für die «stabile Seitlage».

Isometrisches Bauchtraining

Bei den oben beschriebenen Crunches trainieren wir den Bauch, indem wir das Brustbein Richtung Becken führen. Die Bauchmuskeln werden beim Heben des Oberkörpers verkürzt und verlängern sich wieder beim Absenken. Dies entspricht der Anatomie unseres Körpers und der geraden und schrägen Bauchmuskeln. Es ist aber so, dass unsere Bauchmuskeln im Alltag noch eine ganz andere, sehr wichtige Funktion haben: Sie sollen helfen, unseren Rumpf in der aufrechten Haltung zu stabilisieren. Deshalb ist es wichtig, den Bauch auch in seiner Halte-Funktion zu kräftigen und nicht nur in seiner Bewegungs-Funktion. Man spricht hierbei auch häufig von einem «Training auf Länge», weil sich die Länge des Bauchmuskels während der gesamten Übung nicht oder nur unwesentlich verlängert. Der Fachbegriff für diese Art des Trainings lautet isometrisches Training (Iso = gleich, metrisch = bezogen auf die Länge, also Training bei einer gleichbleibenden Muskellänge).

Achtung Haben Sie zu hohen Blutdruck? Dann müssen Sie bei allen folgenden isometrischen Bauchübungen ganz besonders darauf achten, möglichst gleichmäßig weiter zu atmen. Wenn Sie Ihren Atem anhalten oder der Atem zu gepresst wird, kann durch diese Pressatmung Ihr Blutdruck steigen.

Der Schaukelstuhl

Ausgangsposition: Sitzen auf dem Ball

- → Setzen Sie sich auf den Ball.
- → Ihre Beine sind so weit geöffnet, dass Ihr Bauch dazwischen bequem Platz hat.
- → Die Fußspitzen zeigen leicht nach außen, lassen Sie Ihre Knie in Richtung der «Ringzehen» zeigen. Sie haben in den Kniegelenken ungefähr einen rechten Winkel.
- → Ziehen Sie den Bauch ganz lang. Stellen Sie sich vor, Sie möchten all die Sitzfalten am Bauch glatt ziehen.
- → Denken Sie sich Ihren Nacken lang, ziehen Sie die Schultern weit weg von den Ohren und denken Sie sich Ihre Schulterblätter nach hinten unten.
- → Ihre Wirbelsäule ist nun aufgerichtet.

Ausführung:

- → Strecken Sie die Arme zu Ihren Knien aus.
- → Stellen Sie sich vor, Ihre gespreizten Finger werden Richtung Boden gezogen.
- → Ziehen Sie nun Ihren Bauchnabel leicht Richtung Wirbelsäule, bis Sie spüren, dass Ihr Bauchmuskel sich anspannt.
- → Halten Sie nun die Spannung im Bauch und – ganz wichtig! – Ihren Rücken ganz lang.

- Neigen Sie nun Ihren lang gestreckten Rumpf langsam zurück und halten Sie die Position. Wenn Sie merken, dass Sie Ihren Rücken nicht mehr in der aufgerichteten Position halten können, lösen Sie langsam.
- Wiederholen Sie diese Übung, bis Ihre Bauchmuskeln erschöpft sind.
- Sie werden sehr schnell merken, dass Ihr Bauch sich bei der Rückbewegung des Oberkörpers sehr stark anspannt. Neigen Sie sich nur so weit zurück, wie Sie Bauch und Rücken lang halten können.
- Wenn Sie die Übung erschweren möchten, legen Sie Ihre Hände über Kreuz auf Ihre Schultern und wiederholen Sie die Übung.

Tipp Wenn Sie sich seitlich zu einem Spiegel setzen können, um Ihre Haltung zu korrigieren, sollten Sie dies tun. Falls Sie dazu keine Möglichkeit haben, gibt es einen kleinen Trick, um zu überprüfen, ob der Bauch und der Rücken tatsächlich aufgerichtet sind und während der Übung lang bleiben:

- Legen Sie sich eine Hand auf den Brustkorb, die andere auf den Bauch und spreizen Sie alle Finger.
- Die Hände sollten so liegen, dass sich der Daumen der unteren Hand und der kleine Finger der oberen Hand gerade eben berühren.
- Halten Sie die Position der Hände, während Sie sich zurückneigen.
- Wenn Sie merken, dass der Abstand zwischen Ihren Fingern kleiner wird oder sogar die Hände ineinander rutschen, sind Sie nicht mehr gerade, Ihr Rücken und Ihr Bauch sind rund geworden.

Der lange Bauch (Gerader Bauchmuskel)

Ausgangsposition: Rückenlage

- Legen Sie sich auf den Rücken und stellen Sie nacheinander beide Füße auf.
- Ihre Arme liegen locker neben Ihnen.
- Ziehen Sie die Schultern weit weg von den Ohren und lassen Sie Ihre Schulterblätter Richtung Steißbein fließen.
- Denken Sie sich Ihren Nacken ganz lang.
- Ziehen Sie beide Knie nacheinander an den Bauch.

- → Spüren Sie, wie flach Ihr Rücken am Boden liegt.
- → Ziehen Sie Ihren Bauchnabel Richtung Wirbelsäule, Ihr Bauch spannt sich dadurch an.
- → Schließen Sie die Augen und konzentrieren Sie sich ganz auf Ihren unteren Rücken.

Ausführung:

- → Schieben Sie nun Ihre gebeugten Beine ein klein wenig vom Körper weg. Ihr Bauch spannt sich nun fester an. Sie dürfen Ihre Beine so weit vom Körper wegschieben, wie Ihr unterer Rücken noch am Boden liegen bleibt. Je weiter die Beine weg sind, desto mehr muss Ihr Bauch arbeiten. Achten Sie aber unbedingt darauf, dass der Rücken am Boden bleibt! Werden die Beine zu weit vom Körper weggeschoben, müssen Sie viel Arbeit mit den Hüftbeugern leisten, was zu einem Wegkippen in der Lendenwirbelsäule führt.
- → Legen Sie nun beide Hände auf Ihre Oberschenkel, Ihre Fingerspitzen zeigen dabei entweder Richtung Knie oder leicht nach außen.
- → Beginnen Sie ganz fest mit Ihren Händen gegen die Oberschenkel zu drücken. Spüren Sie, wie die Anspannung in Ihrem Bauch steigt.
- → Halten Sie die Position und – ganz wichtig – atmen Sie gleichmäßig weiter.
- → Warten Sie fünf Atemzüge lang, legen Sie dann die Arme und Beine nacheinander ab.
- → Nach einer kurzen Pause beginnen Sie von vorn.

Tipp Aktivieren Sie doch bei dieser Übung auch Ihren Beckenboden. Sie kennen das Gefühl, wenn Sie dringend auf die Toilette müssen, aber weit und breit keine zu finden ist? Genau dabei spüren Sie Ihren inneren Beckenboden.

- → Stellen Sie sich bei dieser Übung vor, Sie möchten Ihren inneren Beckenboden ganz weit nach oben innen ziehen, ganz so wie in der Situation mit dem dringenden Bedürfnis.
- → Halten Sie dann die Übung nur so lange, wie Sie die Spannung im Beckenboden halten können.
- → Nach einer kleinen Pause beginnen Sie wieder von vorn.

Dabei trainieren Sie nicht nur Ihre Bauchmuskeln, sondern gleichzeitig Ihren Beckenboden.

Brustmuskel

Liegestütz (Großer Brustmuskel/Zweiköpfiger Oberarmbeuger)

Sie kennen die klassischen Liegestütz? Diese können Sie auch mit 50 Kilogramm Übergewicht ausführen. Nur ein wenig anders als Normalgewichtige.

Ausgangsposition: Stand

- → Stellen Sie sich, mit einem Schritt Abstand, vor einer Wand auf.
- → Ihre Füße sind etwa hüftbreit geöffnet und zeigen leicht nach außen.
- → Ihre Knie sind weich und entspannt. Ziehen Sie Ihren Bauch lang und leicht Richtung Wirbelsäule.

- Schieben Sie Ihr Brustbein nach vorne oben, die Schulterblätter nach hinten unten und die Schultern weg von den Ohren.
- Denken Sie sich Ihren Nacken lang und ziehen Sie das Kinn etwas zum Hals zurück.
- Legen Sie die Hände etwa auf Schulterhöhe auf die Wand. Sie können diese Übung auch zusammen mit einer Freundin machen. Stellen Sie sich dazu etwa sechs Fußlängen auseinander gegenüber. Legen Sie nun Ihre Hände auf Schulterhöhe gegeneinander.

Ausführung

- Beugen und strecken Sie die Arme und bleiben Sie dabei in einer aufrechten Haltung.
- Wiederholen Sie die Liegestütz, bis Sie Ihren Brustmuskel spüren.
- Wenn Sie ein Spannungs-Gefühl in den Waden haben, kommt dies vermutlich von einer Dehnung. Stellen Sie sich dann entweder auf Ihre Zehenspitzen oder dichter an die Wand.

Tipp **Variieren Sie die Position Ihrer Hände. Lassen Sie wahlweise die Fingerspitzen zueinander oder zur Decke zeigen. Wenn Ihre Finger zur Decke zeigen, versuchen Sie, beim Beugen Ihre Ellenbogen ganz dicht am Oberkörper zu halten. Dann können Sie zusätzlich Ihren hinteren Oberarm kräftigen.**

Po

Leg Extensions (Großer Gesäßmuskel)

Ausgangsposition: Stand

- Stellen Sie sich etwa hüftbreit mit leicht geöffneten Beinen hin.
- Die Knie sind weich und entspannt.
- Ziehen Sie Ihren Bauch ganz lang und schieben Sie Ihr Brustbein nach vorne oben.
- Denken Sie sich Ihre Schultern weit weg von den Ohren und Ihre Schulterblätter nach hinten unten.
- Ziehen Sie Ihren Nacken lang und Ihr Kinn leicht zurück zum Hals.
- Ziehen Sie nun den Bauchnabel ein wenig Richtung Wirbelsäule. Spüren Sie, wie sich Ihr Bauch dabei anspannt. Dies ist

wichtig, damit Sie während des Übungsablaufs Ihren Rumpf stabil halten können.

- Heben Sie die Arme auf Schulterhöhe oder legen Sie Ihre Hände auf eine Stuhllehne, wenn Ihnen der freie Stand zu unsicher erscheint.

Ausführung:

- Verlagern Sie Ihr Gewicht auf das rechte Bein und stellen Sie das linke zurück.
- Heben und senken Sie das gestreckte linke Bein, bis Sie Ihren linken Po spüren.
- Wechseln Sie dann die Seite.
- Schließen Sie Ihre Augen und konzentrieren Sie sich auf Ihren unteren Rücken und Ihr Becken.
- Verändert sich beim Heben des Beines die Haltung? Wenn das der Fall sein sollte, haben Sie vielleicht das Bein zu weit gehoben oder Ihr Bauch ist nicht mehr angespannt. Spannen Sie ihn dann wieder an und probieren Sie aus, wie es sich anfühlt, wenn Sie das Bein nur zwei Zentimeter heben.

Der Beinheber

Diese Übung sollten Sie nur durchführen, wenn es Ihren Knien dabei gut geht. Sie können Ihre Knie mit einem zusammengerollten Handtuch oder einem

Kissen unterpolstern, um den Druck auf die Gelenke abzumildern. Wenn Sie merken, dass der Druck auf die Knie zu groß wird, wählen Sie bitte eine andere Übung. Dieses Problem tritt übrigens häufiger auf, als Sie denken, auch bei schlanken Menschen. Hören Sie dann einfach auf Ihren Körper und machen Sie eine Übung, die Ihren Knien besser bekommt.

Ausgangsposition: Unterarmstütz

- Kommen Sie in den Unterarmstütz. Ihre Ellenbogen befinden sich dabei unter Ihren Schultern, Ihre Knie unter Ihren Hüften.
- Drehen Sie Ihre Handinnenflächen Richtung Decke.
- Ziehen Sie die Schultern weit weg von Ohren, denken Sie sich Ihre Schulterblätter Richtung Steißbein und Ihren Nacken ganz lang. Sie schauen während der ganzen Übung auf den Boden.
- Ziehen Sie Ihren Bauchnabel Richtung Wirbelsäule, sodass Ihr Bauch sich leicht anspannt. Ihr Rücken sollte jetzt ganz lang sein und die normale S-Form haben. Vermeiden Sie auf jeden Fall einen durchhängenden Rücken.

Ausführung:

- Strecken Sie das linke Bein nach hinten aus.
- Heben Sie das Bein etwa einen Zentimeter vom Boden ab. Dies ist während der Übung der tiefste Punkt Ihres Beines.
- Heben und senken Sie Ihr gestrecktes linkes Bein.
- Schließen Sie Ihre Augen und konzentrieren Sie sich auf Ihren Rücken. Heben Sie Ihr Bein

nur so hoch, wie Sie Ihren Rücken ruhig halten können.

- → Meist ist dieser Punkt erreicht, wenn Ihr Fuß etwa auf Po-Höhe ist. Wenn Sie Ihr Bein zu weit heben, können Sie fühlen, wie Ihr Rücken in ein Hohlkreuz kippt. Während der Übung haben beide Hüften immer denselben Abstand zum Boden.
- → Heben und senken Sie Ihr Bein, bis Sie die Ermüdung in Ihrem Pomuskel spüren.
- → Wechseln Sie dann das Bein.

Hinterer Oberschenkel

Leg Curls (Beinbeuger/Großer Gesäßmuskel)

Ausgangsposition: Stand

- → Stellen Sie sich aufrecht hin.
- → Ihre Beine sind etwa hüftbreit geöffnet, die Füße zeigen leicht nach außen.
- → Ihre Knie sind weich und entspannt.
- → Ziehen Sie Ihren Bauch lang und schieben Sie Ihr Brustbein nach vorne oben.
- → Ziehen Sie Ihre Schultern weg von den Ohren und die Schulterblätter nach hinten unten.
- → Denken Sie sich Ihren Nacken lang und ziehen Sie das Kinn leicht zurück zum Hals.

- → Heben Sie wahlweise Ihre Arme auf Schulterhöhe zur Seite oder legen Sie sie auf eine Stuhllehne.
- → Spannen Sie Ihren Bauch leicht an, indem Sie den Bauchnabel zur Wirbelsäule ziehen. Das ist wichtig, um Ihren Rumpf bei der folgenden Bewegung zu stabilisieren.

Ausführung:

- → Nachdem Sie Ihr Gewicht auf das rechte Bein verlagert haben, stellen Sie das linke Bein zurück. Ihr linkes Knie ist nun eindeutig hinter dem rechten.
- → Beugen und strecken Sie das Kniegelenk. Der höchste Punkt der Ferse ist dabei ungefähr auf Kniehöhe.
- → Wiederholen Sie das Beugen und Strecken, bis Sie Ihren hinteren Oberschenkel spüren.
- → Wechseln Sie dann die Seite.
- → Achten Sie darauf, dass Sie das Bein nur so weit hinter sich aufstellen, dass Ihr Rumpf ruhig bleiben kann. Schließen Sie Ihre Augen und fühlen Sie, ob es klappt.

Wundern Sie sich nicht, wenn Sie auch Ihren Po spüren. Der große Gesäßmuskel ist mit dafür verantwortlich, dass das Bein zurückgeführt wird.

Der Dreibeiner

Mit dieser Übung trainieren Sie sowohl Ihren großen Gesäßmuskel als auch den Beinbeuger auf der Oberschenkelrückseite.

Ausgangsposition: Unterarmstütz

- → Kommen Sie in den Unterarmstütz. Ihre Ellenbogen befinden sich dabei unter Ihren Schultern, Ihre Knie unter Ihren Hüften.
- → Drehen Sie Ihre Handinnenflächen Richtung Decke.
- → Ziehen Sie die Schultern weit weg von Ohren, denken Sie sich Ihre Schulterblätter Richtung Steißbein und Ihren Nacken ganz lang.
- → Sie schauen während der ganzen Übung auf den Boden.
- → Ziehen Sie Ihren Bauchnabel Richtung Wirbelsäule, sodass Ihr Bauch sich leicht anspannt.
- → Ihr Rücken sollte jetzt ganz lang sein und die normale S-Form haben. Vermeiden Sie auf jeden Fall einen durchhängenden Rücken.

Ausführung:

- → Strecken Sie das linke Bein nach hinten aus.
- → Schließen Sie Ihre Augen und konzentrieren Sie sich auf Ihren Rücken.

→ Heben Sie Ihr Bein nun so hoch, wie Sie Ihren Rücken ruhig halten können. Meist ist dieser Punkt erreicht, wenn Ihr Fuß etwa auf Po-Höhe ist. Wenn Sie Ihr Bein zu weit heben, können Sie fühlen, wie Ihr Rücken in ein Hohlkreuz kippt.

→ Halten Sie Ihr Bein oben und beugen und strecken Sie Ihr Kniegelenk. Der Oberschenkel bleibt dabei ganz ruhig. Während der gesamten Übung haben die beiden äußeren Hüftpunkte immer denselben Abstand zum Boden.

→ Beugen und strecken Sie Ihr Bein, bis Sie die Ermüdung in Ihrem Pomuskel und dem hinteren Oberschenkel spüren.

→ Wechseln Sie dann das Bein.

Der Bauchwinkler

Ausgangsposition: Bauchlage

→ Legen Sie sich auf den Bauch.

→ Legen Sie Ihre Stirn auf Ihren Händen ab.

→ Ziehen Sie Ihre Schultern weit weg von den Ohren und stellen Sie sich vor, wie Ihre Schulterblätter Richtung Steißbein fließen.

→ Spannen Sie leicht Ihren Bauch und Ihren Po an, Ihr Becken richtet sich dadurch auf, Ihr Schambein bewegt sich Richtung Boden. Beide Beine liegen etwa hüftbreit nebeneinander.

Ausführung:

- Stellen Sie die Zehen des linken Fußes auf und heben Sie den linken Fuß etwa einen Zentimeter vom Boden ab.
- Beginnen Sie nun, das linke Knie weiter zu beugen, sodass Sie den linken Fuß so weit heben, dass er gerade über Ihrem Knie «steht».
- Senken Sie den Fuß wieder bis etwa einen Zentimeter über dem Boden ab. Wiederholen Sie das Heben und Senken, bis Sie die Ermüdung des hinteren Oberschenkels oder Ihres Pos spüren.
- Wechseln Sie danach die Seite.
- Achten Sie darauf, dass Ihr Bauch und Ihr Po die ganze Zeit angespannt sind.

Vorderer Oberschenkel

Der Sitzwinkler (Vierköpfiger Beinstrecker)

Diese Übung ist für bereits geschädigte Kniegelenke eine Wohltat, da auf den Gelenken nur das Gewicht des Unterschenkels lastet und Sie sehr kontrolliert arbeiten können. Wenn Sie auf dem Ball sitzen, trainieren Sie gleichzeitig Ihren Gleichgewichtssinn. Sollte Ihnen diese Übung auf dem Ball zu unsicher erscheinen, setzen Sie sich auf einen Stuhl.

Ausgangsposition: Sitzen

- Setzen Sie sich auf einen Ball.
- Ihre Beine sind so weit geöffnet, dass Ihr Bauch dazwischen bequem Platz hat.

→ Ihre Füße zeigen leicht nach außen.
→ Ihre Knie sind etwa in einem rechten Winkel gebeugt und zeigen in Richtung der «Ringzehen».
→ Ihre Oberschenkel fallen leicht nach unten ab.
→ Ziehen Sie Ihren Bauch ganz lang und schieben Sie Ihr Brustbein nach vorne oben.
→ Ziehen Sie die Schultern weit weg von den Ohren und die Schulterblätter nach hinten unten.
→ Denken Sie sich Ihren Nacken lang und ziehen Sie das Kinn leicht zurück zum Hals.

Ausführung:
→ Stützen Sie Ihre Hände ganz dicht hinter Ihrem Po auf dem Ball auf. Spreizen Sie dabei möglichst die Finger.
→ Bleiben Sie aufrecht sitzen und strecken und beugen Sie Ihr linkes Bein. Machen Sie diese Bewegung langsam und kontrolliert.
→ Wechseln Sie das Bein, wenn Ihr vorderer Oberschenkel ermüdet.

Tipp **Versuchen Sie Ihre Arme gestreckt zu halten und Ihre Hände während der Übung ganz fest auf den Ball zu drücken. Es wird Ihnen dann leichter fallen, das Gleichgewicht zu halten.**

Der Rückenwinkler

Das Schöne an dieser Übung ist nicht nur, dass sie so einfach ist, sondern dass Ihr Oberschenkelmuskel dabei mit relativ wenig Gewicht trainiert wird. Vor allem bereits geschädigte Knie werden es Ihnen danken. Lassen Sie sich im Übrigen nicht davon täuschen, dass diese Übung so leicht aussieht. Nach einigen Wiederholungen werden Sie schnell merken, wie anstrengend es wird, das Bein zu strecken und zu beugen. Sollte sich jemand aus Ihrem Freundes- oder Familienkreis darüber amüsieren, lassen Sie ihn doch einfach mitmachen. Dann werden Sie sehen, dass es auch Schlanken nicht anders ergeht!

Ausgangsposition: Rückenlage

- Legen Sie sich auf den Rücken.
- Stellen Sie nacheinander beide Füße hüftbreit auf, legen Sie die Arme neben Ihrem Körper ab.
- Die Handinnenflächen zeigen Richtung Decke.
- Ziehen Sie die Schultern weit weg von den Ohren, ziehen Sie die Schulterblätter Richtung Steißbein und denken Sie sich Ihren Nacken ganz lang.

Ausführung:

- Heben Sie das linke Bein so weit, bis Ihr Oberschenkel und Ihr Oberkörper einen rechten Winkel bilden.
- Beginnen Sie dann das Kniegelenk des linken Beines zu beugen und zu strecken. Halten Sie Ihren Oberschenkel dabei möglichst ruhig. Der tiefste Punkt der Ferse ist Ihr Kniegelenk, das heißt ungefähr ein rechter Winkel. Achten Sie darauf, dass Ihr Kniegelenk beim Strecken nicht «einrastet». Sie sollen das Knie zwar strecken, aber nie durchstrecken. Das bedeutet, dass es ein ganz klein wenig gebeugt bleibt.

- Wiederholen Sie das Beugen und Strecken, bis Sie merken, wie Ihr Beinstrecker ermüdet.
- Wechseln Sie die Seite.

Tipp **Legen Sie einmal, während Sie Ihr Bein beugen und strecken, eine Hand auf den vorderen Oberschenkel des arbeitenden Beines. Ihre Fingerspitzen zeigen dabei Richtung Knie. So können Sie kontrollieren, ob Ihr Oberschenkel sich tatsächlich nicht vom Fleck bewegt, und Sie können sogar richtig spüren, wie der Oberschenkelstrecker sich unter Ihrer Haut bewegt. Probieren Sie es aus - es fühlt sich gut an!**

Ihnen ist diese Übung für den Hüftbeuger (das ist der Übergang vom Rumpf zu den Oberschenkeln) zu anstrengend? Oft kann das Bein nicht weit genug Richtung Oberkörper gezogen werden. Sie erkennen das daran, dass das gestreckte Bein nicht zur Decke, sondern schräg von Ihnen weg zeigt. In diesem Fall nehmen Sie ein Theraband, Tube oder ein Handtuch zu Hilfe.

- Legen Sie das Handtuch oder das Theraband um den Oberschenkel des arbeitenden Beines.
- Nehmen Sie beide Enden in eine Hand und entlasten Sie so Ihren Hüftbeuger beim Halten des Beines.

Squats (Vierköpfiger Beinstrecker)

Die Squats sind nur etwas für Sie, wenn Sie keinerlei Knieprobleme haben, da die Knie bei diesen Übungen Ihr gesamtes Körpergewicht tragen müssen. Zudem sind sie schwieriger in der Ausführung, als es zunächst den Anschein hat. Es handelt sich dabei um eine sehr beliebte und häufig benutzte Übung in Kräftigungsstunden im Studio oder Verein. Achten Sie darauf, dass Ihre Beine immer weit genug geöffnet sind, damit Ihr Bauch dazwischenpasst. Ansonsten haben Sie nur einen eingeschränkten Bewegungsradius, weil das Tiefgehen dort endet, wo Ihr Bauch auf den Oberschenkeln zum Aufliegen kommt.
Wenn in einer solchen Stunde so genannte Split Level Squats unterrichtet werden, sollten Sie diese auf jeden Fall durch diese Squats ersetzen. Bei den Split Level Squats stehen Sie im Ausfallschritt und beugen und strecken in dieser Position die Knie. Selbst wenn Sie die Knie nur bis zu einem Winkel von 90° beugen, ist der Anpressdruck vor allem im hinteren Gelenk sehr groß. Wenn

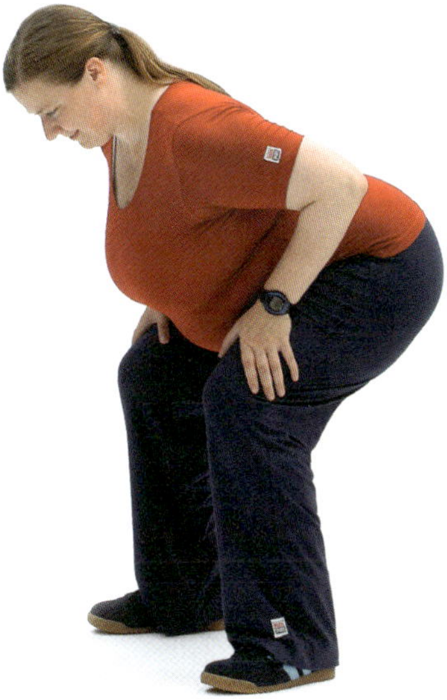

Sie die Trainerin darüber informieren, dass Sie Ihren Knien zuliebe eine andere Übung bevorzugen, wird sie auch Verständnis haben. Wir Trainerinnen sind froh, wenn unsere Teilnehmerinnen ihre Grenzen kennen und akzeptieren.

Ausgangsposition: Stand

- Öffnen Sie die Beine etwas weiter als hüftbreit, sonst hat Ihr Bauch nicht genug Platz.
- Ihre Fußspitzen sind die äußersten Punkte am Boden.
- Die Knie sind weich und entspannt und zeigen in Richtung der «Ringzehen».
- Ziehen Sie Ihren Bauch lang und (fast) faltenfrei.
- Schieben Sie Ihr Brustbein nach vorne oben.
- Ziehen Sie die Schultern weit weg von den Ohren und die Schulterblätter nach hinten unten. Ihr Nacken ist lang.
- Legen Sie Ihre Hände mit den Fingerspitzen nach außen, den Daumen nach innen locker auf den Oberschenkeln ab. Auf den Händen lastet kaum Gewicht.

Ausführung:

- Verlagern Sie Ihr Gewicht auf Ihre Fersen.
- Beugen und strecken Sie dann die Knie. Stellen Sie sich dabei vor, hinter Ihnen würde ein Stuhl stehen. Schieben Sie beim Beugen der Knie Ihren Po Richtung Stuhl. Ihr Oberkörper neigt sich dabei automatisch vor, um das Gleichgewicht zu halten. Je dicker Ihr Po ist, desto weiter werden Sie sich (von ganz alleine) mit gestrecktem Rücken vorbeugen. Daher sieht diese Übung bei schlanken Menschen ein wenig anders aus. Lassen Sie sich aber davon nicht irritieren.

Achtung Achten Sie bei den Squats darauf, dass beim Beugen Ihre Kniegelenke immer Richtung «Ringzeh» zeigen. Es kann sein, dass es Ihnen schwer fällt, aber denken Sie daran, dass Sie den Verschleiß im Gelenk verstärken, wenn Sie Ihre Beine nicht achsengerecht halten. Im Idealfall bleiben die Knie während der Squats zudem immer senkrecht über den Fußgelenken. Dies können Sie prima in einem Spiegel kontrollieren. Auf keinen Fall sollten die Knie vor den Fußspitzen sein, da sich der Anpressdruck der Kniescheibe dadurch wesentlich erhöht. Einige meiner Teilnehmerinnen spüren sehr schnell Schmerzen, wenn sie ihre Knie zu stark belasten. Nutzen Sie solche Momente dazu, Ihre Grenzen zu erkennen und auch zu akzeptieren. Lassen Sie die Übung aus. Wenn Sie in einer Kräftigungsstunde (Gymnastik, Workout oder Ähnliches) sind, besprechen Sie mit Ihrer Trainerin, welche Übungen Sie ersatzweise durchführen können. Ansonsten lassen Sie die Übung einfach weg, genießen die Pause und schauen den anderen beim Arbeiten zu.

Innerer Oberschenkel

Einbeinheber (Adduktorengruppe)

Ausgangsposition: Seitlage

→ Legen Sie sich auf eine Seite und legen Sie den Kopf auf dem unteren, langen Arm ab.

→ Denken Sie sich Ihren Nacken lang, ziehen Sie die Schultern weit weg von den Ohren und ziehen Sie Bauch und Rücken ganz lang.

→ Stützen Sie sich mit der oberen Hand auf Brusthöhe vor Ihnen auf.

→ Ziehen Sie das gebeugte obere Bein Richtung Bauch. Der Fuß liegt auf dem Boden, das Knie sollte etwas vom Boden entfernt sein.

→ Wenn es Ihnen schwer fällt, das Knie in der Luft zu halten, legen Sie sich ein dickes Kissen oder einen kleinen Gymnastikball unter Ihr Knie. Diese Knieposition ist wichtig, weil Sie sonst Ihr Bein nicht achsengerecht halten können. Zudem würden Sie mit Ihrem Becken nach vorne kippen.

Ausführung:

→ Heben Sie das untere Bein etwa einen Zentimeter.

- Von dieser Position aus heben und senken Sie das untere Bein.
- Beenden Sie die Übung, wenn Ihre inneren Oberschenkel ermüden. Rollen Sie sich dann über den Rücken auf die andere Seite und wiederholen Sie das Beinheben mit dem anderen Bein.

Äußerer Oberschenkel

Seitheben im Stand (Abduktorengruppe)

Das Schöne an dieser Übung: Sie trainieren nicht nur Ihre Oberschenkelaußenseite, sondern auch Ihren Gleichgewichtssinn.

Ausgangsposition: Stand

- Stellen Sie sich aufrecht hin.
- Ihre Beine sind etwa hüftbreit geöffnet, die Füße zeigen leicht nach außen.
- Ihre Knie sind weich und entspannt.
- Ziehen Sie Ihren Bauch lang und schieben Sie Ihr Brustbein nach vorne oben.
- Ziehen Sie Ihre Schultern weg von den Ohren und die Schulterblätter nach hinten unten.
- Denken Sie sich Ihren Nacken lang und ziehen Sie das Kinn leicht zurück zum Hals.
- Heben Sie Ihre Arme auf Schulterhöhe.

Ausführung:

- Verlagern Sie Ihr Gewicht auf das rechte Bein.
- Heben und senken Sie das linke Bein, ohne es abzusetzen.
- Wiederholen Sie das Heben und Senken, bis Ihre Oberschenkelaußenseite ermüdet.
- Es genügt, wenn Sie Ihr Bein nur ein paar Zentimeter heben. Stellen Sie sich vor, es zieht je-

mand an Ihrem Fuß, während Sie das Bein heben. Denken Sie sich eine gerade Linie von Ihren Hüftknochen zum Boden vor. Diese Linie sollte während der gesamten Übung auf beiden Seiten gleich lang bleiben.

- Es kann sein, dass Sie die Oberschenkelaußenseite des Standbeines mehr spüren als die des Arbeitsbeines. Das kommt von den Abduktoren auf der Standbeinseite, da diese für die Stabilisation der Hüfte verantwortlich sind.

Wade

Wadenstraffer (Zwillingswadenmuskel und Schollenmuskel)

Ausgangsposition: Stand

- Stellen Sie sich aufrecht hin.
- Ihre Beine sind etwa hüftbreit geöffnet, die Füße zeigen leicht nach außen.
- Ihre Knie sind weich und entspannt.
- Ziehen Sie Ihren Bauch lang und schieben Sie Ihr Brustbein nach vorne oben.
- Ziehen Sie Ihre Schultern weg von den Ohren und die Schulterblätter nach hinten unten.

- Denken Sie sich Ihren Nacken lang und ziehen Sie das Kinn leicht zurück zum Hals.
- Wenn Sie möchten, stellen Sie sich an eine Wand oder halten Sie sich an einem Stuhl fest.

Ausführung:

- Heben und senken Sie Ihre Fersen.
- Wiederholen Sie dies, bis Sie spüren, dass Ihre Waden sich zu sehr anstrengen.
- Stellen Sie sich während des Hebens und Senkens vor, Ihre Fersen würden durch ein Gummiband zueinander gezogen. Dadurch vermeiden Sie, dass Sie im Sprunggelenk nach außen wegkippen. Lassen Sie während des Wadenstraffers die Knie ganz weich und Ihren Rücken gestreckt.
- Ohne Wand beziehungsweise Stuhl können Sie gleichzeitig Ihren Gleichgewichtssinn trainieren.

Dehnungs- und Beweglichkeitstraining

Für ein sinnvolles Dehnungs- und Flexibilitätstraining müssen die Muskeln, die Sie zuvor trainiert haben, gedehnt werden. Im Idealfall erweitern Sie diese um die zur Verkürzung neigenden Muskeln. Man spricht hierbei von so genannten Pflichtdehnbereichen. Hierzu gehören: Wade, Beinbeuger, Beinstrecker, Hüftbeuger/Lendendarmbeinmuskel, Schenkelanzieher, großer Gesäßmuskel und Außenrotatoren, großer Brustmuskel, gerader Bauchmuskel, oberer Anteil des Kapuzenmuskels und oberer Anteil des langen Rückenstreckers.

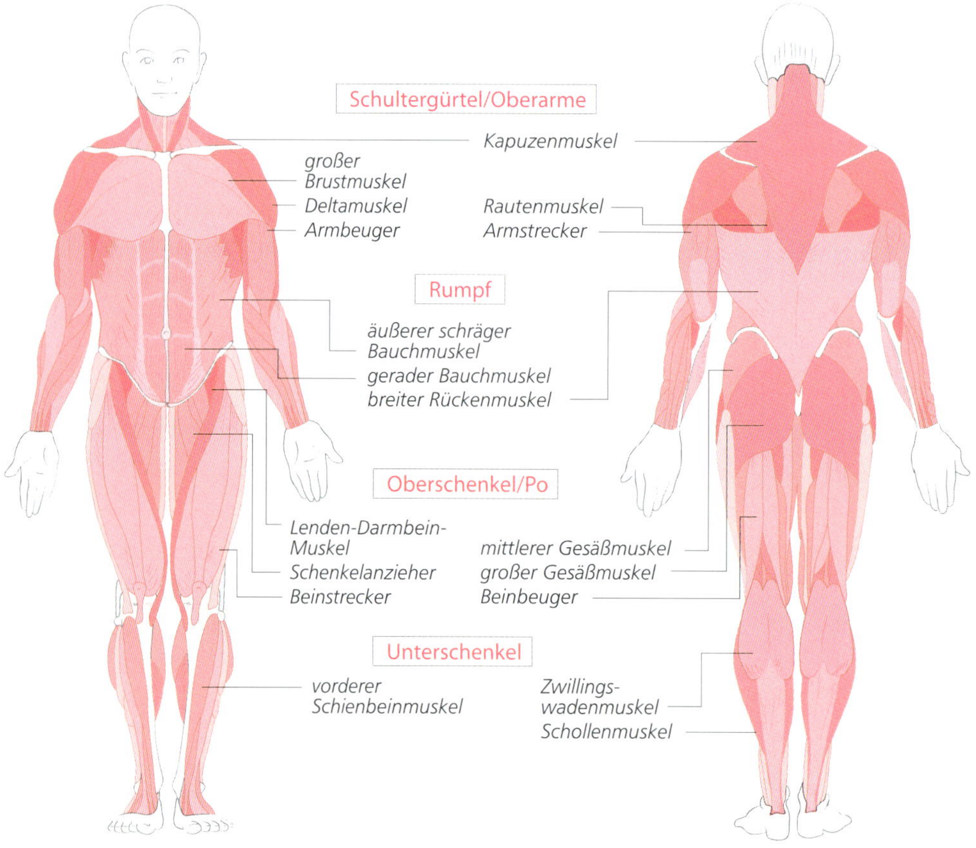

Zusätzlich zu den Pflichtdehnbereichen werden Sie nachfolgend auch einige Dehnungen für andere Muskeln finden. Diese führen Sie bitte immer nach dem Training der entsprechenden Muskeln durch. Wenn Sie eine reine Stretching-Einheit durchführen wollen, ohne vorher zum Beispiel Ihre Ausdauer trainiert zu haben, sollten Sie sich davor kurz aufwärmen. Sie können hierzu locker durch Ihre Wohnung walken, langsam vom vierten Stock in den Keller und wieder hinaufgehen, ein wenig tanzen, ein paar Minuten auf dem Hometrainer radeln oder auch die im Kapitel Gleichgewichtstraining beschriebene Aufwärmübung machen.

Beachten Sie beim Dehnen einige Grundregeln:

- Nehmen Sie langsam und konzentriert die Dehnungsposition ein.
- Gehen Sie nur so weit in die Dehnung hinein, bis Sie einen leichten Zug verspüren. Dehnen sollte nie Schmerzen bereiten.
- Halten Sie jede Dehnung zirka 15 bis 20 Sekunden lang. Wenn Sie kürzer dehnen, werden Sie keinerlei Effekt verspüren.
- Atmen Sie gleichmäßig und entspannt weiter.
- Lösen Sie die Dehnung langsam.
- Wenn Sie möchten, können Sie die Dehnung wiederholen.
- Schließen Sie beim Dehnen ruhig die Augen. Dann können Sie sich viel besser auf den beanspruchten Muskel konzentrieren.
- Lassen Sie beruhigende Musik im Hintergrund laufen, das Entspannen wird Ihnen dadurch leichter fallen.

Suchen Sie sich aus den folgenden Übungen Ihre Lieblingsdehnungen für die Pflichtdehnbereiche heraus. Wenn Sie möchten, können Sie nur am Boden liegend dehnen oder, falls Sie zum Beispiel wegen eines Knieproblems nicht auf den Boden möchten beziehungsweise können, nur im Stehen und Sitzen. Bei allen Muskelgruppen haben Sie viele Alternativen. Probieren Sie diese aus und entscheiden Sie dann, welche Positionen für Sie am angenehmsten und einfachsten sind.

Rücken und hinterer Schultergürtel

Haben Sie häufig einen verspannten Nacken? Dann sollten Sie die beiden folgenden Dehnungen regelmäßig durchführen. Das klappt übrigens auch wunderbar, wenn Sie im Büro sitzen.

Der Kutscher (Langer Rückenstrecker)

In dieser Position können Sie nicht nur Ihren Rücken leicht dehnen, sondern auch wunderbar entspannen.

Ausgangsposition: Sitzen

- Setzen Sie sich mit geöffneten Beinen auf einen Ball oder Stuhl.
- Ihr Bauch sollte bequem zwischen Ihren Beinen Platz haben.
- Ihre Fußspitzen zeigen leicht nach außen, Ihre Knie in Richtung der «Ringzehen».

Ausführung:

- Stützen Sie Ihre Ellenbogen auf Ihren Oberschenkeln auf und lassen Sie sich nach vorne sinken.
- Lassen Sie Ihren Kopf hängen und machen Sie Ihren Rücken ganz rund. Spüren Sie, wie die Anspannung in Ihren Schultern und in Ihrem Rücken nachlässt.
- Atmen Sie tief ein und aus und rollen Sie sich dann Wirbel für Wirbel auf.

Der Bauchhänger (Lendenwirbelsäule/Unterer Bereich des langen Rückenstreckers/Viereckiger Lendenmuskel)

Diese Übung sollten Sie regelmäßig durchführen. Da Sie hierbei auf dem Ball liegen und dieser einen großen Teil Ihres Gewichts für Sie trägt, ist es eine sehr entspannende Übung. Zudem entsteht durch die Lagerung auf dem Ball anstelle der alltäglichen Druckbelastung eine Zugbelastung auf unsere Wirbelsäule. Dies fühlt sich sehr angenehm an und entlastet die Wirbelsäule.

Achtung Sie sollten vorsichtig sein, wenn Sie Bluthochdruck haben oder Ihnen leicht schwindelig wird. Sie sollten, und das gilt generell bei Unwohlsein, diese Übung sofort abbrechen. Da der Kopf in dieser Position tiefer als das Herz ist, haben besonders BluthochdruckpatientInnen oft das Gefühl von «einschießendem Blut» im Kopf. Wenn Ihnen diese Position nichts ausmacht: Genießen Sie es.

Ausgangsposition: Stand oder 4-Füßler

- Legen Sie sich bäuchlings auf den Ball.
- Lassen Sie Ihren Kopf ganz entspannt hängen.
- Ihre Beine sind geöffnet, Ihre Knie befinden sich in der Luft. Sie können Ihre Füße wahlweise aufstellen oder am Boden lang strecken.

Ausführung:

- Finden Sie durch leichtes Hin- und Herrollen auf dem Ball die Position, in der Sie die größte Dehnung im unteren Rücken spüren.
- Bleiben Sie acht Atemzüge lang in dieser Position und lösen Sie sie dann langsam. Stellen Sie sich vor, Sie möchten Ihren Atem in Ihrem unteren Rücken lenken, so als wollten Sie langsam und gleichmäßig einen Luftballon aufblasen. Spüren Sie, wie die Anspannung Ihres Rückens nachlässt.
- Einige meiner Teilnehmerinnen berichten, dass die ersten Sekunden etwas unangenehm sind, sich aber dann die Entspannung des Rückens sehr gut anfühlt. Wenn es Ihnen genauso ergeht, entscheiden Sie selber, ob Sie einen Moment abwarten wollen oder ob Sie die Übung lieber zu einem an-

deren Zeitpunkt wiederholen möchten.

Das kleine Paket (Langer Rückenstrecker)

Ausgangsposition: Rückenlage

→ Legen Sie sich entspannt auf den Rücken.

→ Ziehen Sie Ihre Schultern weg von den Ohren, Ihren Nacken lang und Ihr Kinn leicht zurück zum Hals.

→ Stellen Sie nacheinander beide Füße auf.

Ausführung:

→ Ziehen Sie nacheinander beide Beine an den Bauch.

→ Öffnen Sie diese dabei so weit, dass Ihr Bauch dazwischen bequem Platz findet.

→ Halten Sie die Beine in den Kniekehlen statt an den Schienbeinen, damit kein großer Druck in den Knien entstehen kann.

→ Ziehen Sie nun Ihre Nase zwischen Ihre Knie. Wie klein Sie sich zusammenrollen können, hängt davon ab, wie dick Ihr Bauch und wie groß Ihre Brust ist. Stellen Sie sich einfach vor, Sie machen sich so klein wie möglich.

→ Sie können nun eine Dehnung am gesamten Rücken entlang spüren. Versuchen Sie gleichmäßig weiter zu atmen und stellen Sie nach fünf gleichmäßigen Atemzügen die Füße nacheinander wieder auf.

Der Nackendehner (Oberer Anteil des Kapuzenmuskels)

Ausgangsposition: Stand

→ Stellen Sie sich hüftbreit hin.

→ Ihre Knie sind leicht gebeugt, Ihr Bauch und Ihr Nacken langgezogen, Ihr Brustbein nach vorne oben gehoben.

→ Ziehen Sie Ihr Kinn leicht zurück zum Hals.

Ausführung:

- Lassen Sie Ihren Nacken lang und legen Sie Ihr rechtes Ohr Richtung rechte Schulter. Spüren Sie bereits eine Dehnung links seitlich am Nacken?
- Dann halten Sie die Dehnung einige Atemzüge und wechseln Sie dann die Seite.
- Wenn Sie die Dehnung verstärken möchten, schieben Sie Ihren linken Arm Richtung Boden. Sie können sich vorstellen, dass an Ihrer linken Hand ein schweres Gewicht hängt.
- Sie können die richtige Haltung Ihres Kopfes während der Übung kontrollieren, indem Sie sich gerade vor einen Spiegel stellen. Beide Ohren haben denselben Abstand zum Spiegel. Wenn Sie Ihr Ohr zur Schulter ziehen, behalten beide Ohren diesen Abstand bei.
- Achten Sie darauf, dass Ihre Schultern während der Dehnung weit weg von den Ohren bleiben.

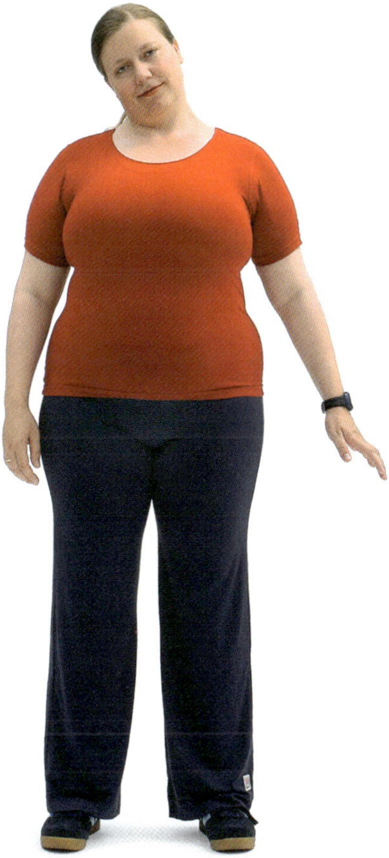

Tipp Sie haben häufig einen verspannten Nacken? Dann sollten Sie besonders viel Wert auf einen gut sitzenden BH legen. Bei einer großen Brust muss Ihr Rücken Schwerstarbeit leisten, um eine aufrechte Haltung einzunehmen und zu halten, und dabei verspannt er leicht. Achten Sie darauf, dass die Träger des BHs möglichst breit sind, andernfalls schneiden sie in den Kapuzenmuskel ein. An den Seiten und im Rücken sollte der BH breiter sein als bei einem BH für eine kleine Brust. Im Idealfall sind die Träger im Rücken überkreuzt, sodass sich der Druck, der auf ihnen lastet, gut verteilen kann. Zudem rutschen sie dann nicht so leicht von der Schulter. Ein guter BH stützt die Brust, ohne sie einzuengen. Trotzdem haben viele Frauen anfangs das Gefühl, «gepanzert» zu sein. Das ändert sich aber meist sehr schnell. Gönnen Sie sich einen speziellen Sport-BH, es lohnt sich. Adressen von Anbietern finden Sie im Anhang.

Der entspannte Frosch (Oberer Anteil Kapuzenmuskel)

Ausgangsposition: Rückenlage

- → Legen Sie sich entspannt auf den Rücken.
- → Stellen Sie nacheinander beide Füße auf.
- → Legen Sie die Fußsohlen gegeneinander und lassen Sie Ihre Knie Richtung Boden sinken.
- → Ziehen Sie die Schultern weg von den Ohren, Ihren Nacken lang und Ihr Kinn leicht zurück zum Hals.
- → Ihre Arme liegen neben Ihnen.
- → Es kann sein, dass Sie eine leichte Dehnung in den Beininnenseiten verspüren. Sollte diese Dehnung für Sie zu stark sein, lassen Sie Ihre Füße aufgestellt.

Ausführung:

- → Ziehen Sie Ihren Nacken noch länger.
- → Lassen Sie Ihren Kopf so weit nach rechts sinken, wie es für Sie angenehm ist, und schieben Sie den gegenüberliegenden, also linken Arm, am Boden ein paar Zentimeter weiter Richtung Fußende. Spüren Sie die Dehnung im seitlichen Nacken?
- → Atmen Sie gleichmäßig weiter und wechseln Sie nach etwa fünf Atemzügen die Seite.

Der Rückenstrecker (Oberer Anteil des langen Rückenstreckers)

Ausgangsposition: Stand

- Stellen Sie sich aufrecht mit hüftbreit geöffneten Beinen hin.
- Ihre Knie sind leicht gebeugt.
- Ziehen Sie Ihren Bauch ganz lang und schieben Sie Ihr Brustbein nach vorne oben.
- Ziehen Sie die Schultern weit weg von den Ohren und denken Sie sich Ihre Schulterblätter nach hinten unten.

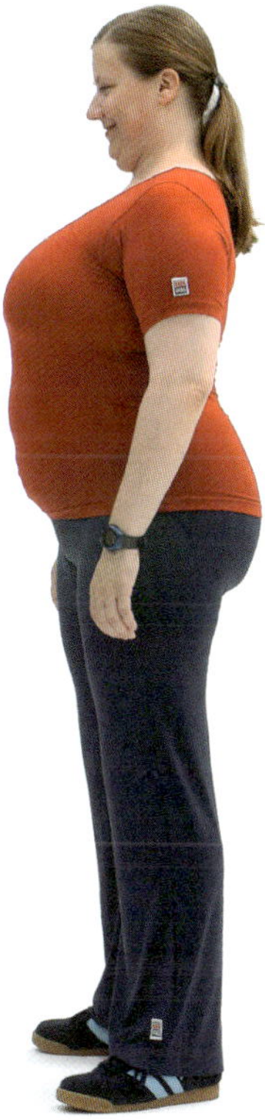

Ausführung:

- Denken Sie sich Ihren Nacken ganz lang. Stellen Sie sich dabei vor, Sie werden am Hinterkopf Richtung Decke gezogen.
- Ziehen Sie Ihr Kinn zurück zum Hals.
- Machen Sie Ihren Nacken noch länger und schieben Sie Ihre Fingerspitzen zum Boden.

- Wenn Sie nun die Dehnung im Nacken verstärken möchten, versuchen Sie einmal, Ihre Handgelenke so zu beugen, dass Ihre Handinnenflächen zum Boden zeigen. Schieben Sie die Hände nach unten.
- Es kann sein, dass Sie ein Kribbeln bis zu den Fingerspitzen spüren. Das ist nicht weiter schlimm, sondern nur ein Zeichen dafür, dass Sie im Nacken verspannt sind.
- Wenn Sie keine Dehnung spüren können, sollten Sie kontrollieren, ob Sie tatsächlich eine aufgerichtete Wirbelsäule haben. Das kommt gerade bei den ersten Versuchen in dieser Position häufig vor. Denken Sie daran, dass Übung die Meisterin und den Meister macht.

Bauchmuskeln

Die Ballerina im Sitzen (Seitlicher Rumpf/Schräge Bauchmuskeln)

Bei den folgenden Übungen zur Dehnung der seitlichen Rumpfmuskulatur kann auf der einen Seite ein unangenehmes Gefühl entstehen, wenn das seitliche Bauchfett stark zusammengedrückt wird. Sie haben dann an der entsprechenden Seite richtige Ziehharmonika-Falten beziehungsweise -Rollen. Ziehen Sie dann Ihren Arm nicht so sehr zur Seite, sondern stellen Sie sich vor, Ihre Fingerspitzen werden schräg nach oben zur Decke gezogen. Diese kleine Änderung macht es Ihnen wesentlich angenehmer.

Ausgangsposition: Sitzen

- Setzen Sie sich mit geöffneten Beinen auf einen Sitzball.
- Ihre Fußspitzen zeigen leicht nach außen, Ihre Knie zeigen in Richtung «Ringzeh». Ihre Fußgelenke sind direkt unter oder vor Ihren Knien.

- Ziehen Sie Ihren Bauch lang, schieben Sie Ihr Brustbein nach vorne oben.
- Ziehen Sie die Schultern weg von den Ohren, denken Sie sich Ihre Schulterblätter nach hinten unten, Ihren Nacken lang.
- Legen Sie Ihre linke Hand oder Ihren linken Unterarm locker auf Ihrem linken Bein ab.

Ausführung:

- Strecken Sie Ihren Körper nochmals und führen Sie Ihren rechten Arm nach schräg links oben. Stellen Sie sich vor, Sie möchten Ihre rechte Pobacke und Ihre linken Fingerspitzen ganz weit auseinander ziehen. Spüren Sie die Dehnung in der rechten Rumpfseite.
- Atmen Sie fünf Mal in die rechte Körperseite hinein, lösen Sie dann langsam und wechseln Sie die Seite.

Info Bei allen Übungen, bei denen ein Arm oder beide Arme über den Kopf hinaus gehalten werden, kann es passieren, dass Sie ein Kribbeln in den Händen verspüren. Das ist aber kein Zeichen dafür, dass das Blut aus den Armen «hinausläuft» und diese plötzlich leer sind, denn unser Blut wird durch unser Herz ständig weitergepumpt. Das Kribbeln ist ein Signal der Nerven, die es nicht gewohnt sind, dass die Arme andersherum gehalten werden. Wenn Sie die Arme wieder absenken, ist das Kribbeln schnell wieder verschwunden.

Der Rückenhänger (Gesamter vorderer Rumpf und Brustmuskeln/Besonders gerader Bauchmuskel und schräge Bauchmuskeln)

Diese Dehnung wird meist als besonders angenehm empfunden, da die Wirbelsäule anstelle der üblichen Druckbelastung nun einer leichten Zugbelastung ausgesetzt ist. Zudem wird Ihr Körpergewicht zu großen Teilen von dem Pezziball getragen. Vielleicht benötigen Sie aber anfangs etwas Mut, um diese Position einzunehmen, denn Sie ist sehr ungewohnt. Probieren Sie es aus, es wird Ihnen gut tun.

Ausgangsposition: Sitzen

- Setzen Sie sich auf einen Pezziball.

- Stützen Sie sich mit beiden Händen neben Ihrem Po auf dem Ball ab.
- Ihre Füße zeigen leicht nach außen, Ihre Knie zeigen in Richtung der «Ringzehen».

Ausführung:

- Wenn Sie mit den Füßen weg von dem Ball wandern, beginnt der Ball ein wenig zu rollen. Neigen Sie dabei den Oberkörper nach hinten, bis er auf dem Ball zum Liegen kommt. Ihr Po, Ihr Rücken und Ihre Schultern sollten den Ball berühren.
- Wenn Sie sich sicher fühlen, führen Sie Ihre Arme hinter Ihren Kopf und lassen Sie sie dort hängen. Alternativ können Sie die Arme auch auf Schulterhöhe hängen lassen.
- Halten Sie die Dehnung etwa fünf bis sechs Atemzüge lang. Stellen Sie sich dabei vor, Sie möchten Ihren Bauch beim Einatmen wie einen Luftballon aufpusten.
- Stützen Sie sich dann wieder mit den Händen auf dem Ball auf und rollen Sie sich vorsichtig zum Sitzen hoch. Achten Sie darauf, dass Ihre Füße vom Ball weit genug weg stehen, denn dann ist die Position wesentlich stabiler.

Der Riese (Gerade und schräge Bauchmuskeln)

Ausgangsposition: Rückenlage

- Legen Sie sich entspannt auf den Rücken.

Ausführung:

- Stellen Sie sich vor, Sie werden an Fingerspitzen und Fersen auseinander gezogen. Machen Sie sich ganz lang.

- Sie können nun die Dehnung des Bauchmuskels noch verstärken, indem Sie tief in den Bauch hineinatmen.
- Ziehen Sie abwechselnd die rechte und linke Seite lang, dann wieder beide gleichzeitig. Spüren Sie, wie sich die Dehnung dabei verändert.
- Halten Sie die jeweilige Position für etwa drei Atemzüge.

Die liegende Meerjungfrau (Schräge Bauchmuskeln/ Brustmuskeln/Großer und kleiner Gesäßmuskel)

Bei dieser Übung dehnen Sie nicht nur jeweils fast die gesamte Körperseite, sondern trainieren auch die Rotationsfähigkeit Ihrer Brustwirbelsäule. Zudem ist diese Dehnung sehr entspannend, da Sie keinerlei Haltearbeit leisten müssen.

Ausgangsposition: Rückenlage

- Legen Sie sich entspannt auf den Rücken.
- Ziehen Sie Ihre Schultern weg von den Ohren, Ihren Nacken lang, das Kinn leicht zurück zum Hals.

- Stellen Sie nacheinander beide Füße auf, legen Sie beide Arme auf Schulterhöhe mit den Handinnenflächen nach oben ab.

Ausführung:

- Lassen Sie beide Knie rechts zum Boden sinken, drehen Sie Ihren Kopf nach links. Je nachdem wo Sie mehr oder weniger gut gedehnt sind, können Sie nun eine Dehnung spüren seitlich am Oberschenkel/Po, seitlich im Rumpf und/oder im Brustmuskel, am Übergang von Oberkörper zum Oberarm.
- Bleiben Sie so liegen und atmen Sie in die obere, linke Körperseite hinein, als wollten Sie dort einen Luftballon aufblasen.
- Wechseln Sie nach etwa 20 Sekunden die Seite.
- Es kann sein, dass Sie entweder die Schulter oder die Knie am Boden halten können, aber nicht beide gleichzeitig. Das ist nicht weiter schlimm, probieren Sie aus, was für Sie angenehmer ist: die linke Schulter am Boden und die Knie ein wenig in der Luft oder andersherum.
- Probieren Sie einmal aus, was geschieht, wenn Sie mit der rechten Hand Ihren linken Oberschenkel beschweren. Sie können dadurch Ihre Dehnung verstärken.

Brustmuskeln

Der Empfang (Großer Brustmuskel)

Ausgangsposition: Stand

- Stellen Sie sich mit leicht gebeugten Knien hüftbreit hin.
- Ziehen Sie Ihren Bauch und Ihren Nacken lang.
- Denken Sie sich Ihre Schultern weit weg von den Ohren.

Ausführung:

- Heben Sie beide Arme auf Schulterhöhe nach vorne und drehen Sie die Handinnenflächen Richtung Decke.
- Ziehen Sie nun Ihre Arme auf Schulterhöhe zurück. Sie können nun eine leichte Dehnung in Ihrem Brustmuskel spüren.

Arme

Oberarmstrecker (Armstrecker)

Ausgangsposition: Stand

→ Stellen Sie sich mit hüftbreit geöffneten Beinen hin.
→ Ihre Knie sind weich und entspannt.
→ Ziehen Sie Ihren Bauch lang und schieben Sie Ihr Brustbein nach vorne oben.
→ Ziehen Sie die Schultern weg von den Ohren und den Nacken lang.

Ausführung:

→ Legen Sie die linke Hand auf die linke Schulter und drücken Sie den Oberarm mit der rechten Hand ein wenig nach oben.
→ Wenn Sie keine Dehnung im hinteren Oberarm spüren, schieben Sie den linken Arm so weit nach oben, bis er Richtung Decke zeigt. Ihre linke Hand liegt nun auf Ihrem oberen Rücken.
→ Spüren Sie weiterhin nur eine leichte Dehnung, dann schieben Sie Ihre linke Hand zwischen Ihre Schulterblätter. Fassen Sie mit der rechten Hand unter Ihren linken Ellenbogen und üben Sie leichten Druck aus. Spätestens jetzt werden Sie die Dehnung des Armstreckers fühlen können.

- Achten Sie bei dieser Übung auf eine aufrechte Halswirbelsäule. Es passiert schnell, dass Sie dort abknicken. Manchmal ist es schwer, den Kopf dabei nicht hängen zu lassen, aber geben Sie Ihr Bestes. Ziehen Sie zudem bewusst Ihre Schultern weit weg von den Ohren.

Po

Der Hüftbeuger (Hüftbeugende Muskulatur/Lenden-Darmbeinmuskel)

Ausgangsposition: Stand

- Stellen Sie sich mit leicht geöffneten Beinen aufrecht hin.
- Ziehen Sie Ihren Bauch lang, schieben Sie Ihr Brustbein nach vorne oben.
- Ziehen Sie die Schultern weit weg von den Ohren, Ihre Schulterblätter nach hinten unten.
- Denken Sie sich Ihren Nacken lang, ziehen Sie Ihr Kinn leicht zurück zum Hals.
- Stellen Sie Ihren linken Fuß zurück, aber lassen Sie dabei die Ferse in der Luft. Verteilen Sie Ihr Gewicht so, dass beide Füße gleichmäßig belastet sind.
- Beide Knie sind weich und entspannt.
- Schauen Sie einmal zu Ihren Füßen: Beide Füße sollten un-

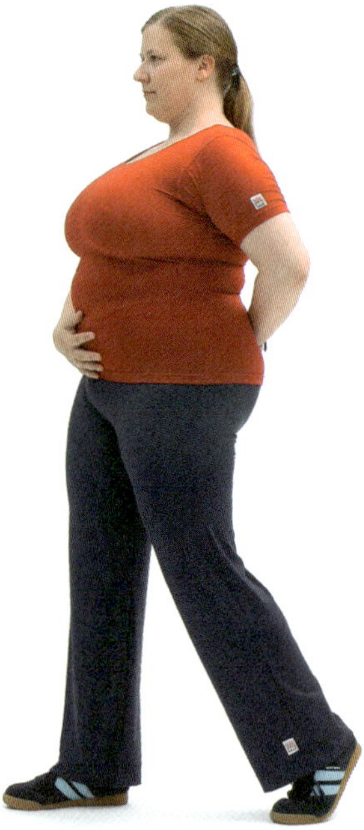

gefähr in dieselbe Richtung zeigen.

Ausführung:

- Legen Sie eine Hand auf Ihren unteren Rücken, die andere auf Ihren unteren Bauch. (Abb. oben links)
- Spannen Sie nun Bauch und Po fest an. Können Sie den Unterschied spüren? Ihr Becken richtet sich auf, Ihr Rücken wird flacher. (Abb. unten links) Sie müssten nun eine Dehnung am Übergang vom Oberschenkel zum Rumpf fühlen können. Das ist Ihr Hüftbeuger.
- Halten Sie die Dehnung fünf Atemzüge lang und wechseln Sie die Seite.

Der Käfer (Großer Gesäßmuskel)

Ausgangsposition: Rückenlage

- Legen Sie sich auf den Rücken.
- Ziehen Sie Ihre Schultern weg von den Ohren und denken Sie sich Ihren Nacken lang.
- Ziehen Sie Ihr Kinn leicht zurück zum Hals.
- Lagern Sie eventuell Ihren Kopf wie im Kapitel *Die Positionen* beschrieben.

Ausführung:

- Stellen Sie nacheinander beide Füße auf, ziehen Sie nacheinander beide Beine an den Bauch. Wenn Sie einen dicken Bauch haben, müssen Sie die Beine so weit öffnen, dass er bequem dazwischenpasst.
- Halten Sie die Beine in den Kniekehlen, da Sie bei einem Druck auf die Schienbeine einen sehr engen Kniewinkel herstellen und somit einen erhöhten Anpressdruck der Kniescheibe erzeugen würden. Wenn Sie keine Kniebeschwerden haben, können Sie beide Hände auf die Unterschenkel legen. Üben Sie jedoch keinen Druck aus. Spüren Sie die Dehnung im Po.
- Halten Sie diese Position fünf ruhige lange Atemzüge lang und stellen Sie nacheinander beide Füße wieder auf.

- Sie können die Dehnung verstärken, wenn Sie sich währenddessen Ihren Po zum Boden denken. Versuchen Sie, durch eine Kippung des Beckens die Lendenwirbelsäule minimal vom Boden zu heben.

Der Podehner (Großer Gesäßmuskel und Außenrotatoren)

Sie neigen zu Ischiasproblemen? Dann sollten Sie diese Dehnung so oft wie möglich in Ihren Alltag einbauen. Unsere Außenrotatoren sind zwar eine relativ kleine, aber wichtige Muskelgruppe, die in direkter Nähe zum Ischiasnerv liegt. Ist diese Muskelgruppe verkürzt, kommt es häufig zu einem erhöhten Druck auf den Nerv, wir spüren die typischen Schmerzen. Wenn Sie aber akute Ischiasprobleme haben, sollten Sie diese Übung nicht durchführen. Andernfalls könnte sie zu einer weiteren Reizung des Nervs führen. Bei akuten Hüftschmerzen sollten Sie diese Übung ebenfalls nicht durchführen.

Tipp Wenn Sie Probleme mit Ihren Menisken haben, sollten Sie ausprobieren, ob Sie diese Übung schmerzfrei durchführen können. Andernfalls ist diese Position vielleicht angenehmer für Sie:

- Schlagen Sie im Sitzen oder in Rückenlage beide Beine möglichst eng übereinander. So als müssten Sie dringend zur Toilette, aber weit und breit ist keine zu sehen.
- Ziehen Sie dann beide Knie zum Bauch, beziehungsweise neigen Sie Ihren gestreckten Oberkörper leicht vor.
- Halten Sie die Dehnung einige Atemzüge lang, wechseln Sie dann die Seite.

Achtung Diese Übung sollten Sie nicht auf einem Sitzball durchführen, weil die Position dadurch sehr instabil werden würde. Da ein Bein auf dem anderen aufliegt, können Sie unter Umständen nicht mehr rechtzeitig den Fuß aufstellen und somit leicht umkippen.

Ausgangsposition: Sitzen auf einem Stuhl

- Setzen Sie sich auf einen Stuhl.
- Ihre Fußspitzen zeigen leicht nach außen.
- Ziehen Sie Ihren Bauch lang, schieben Sie Ihr Brustbein nach vorne oben. Ziehen Sie die Schultern weg von den Ohren, die Schulterblätter nach hinten unten.
- Denken Sie sich Ihren Nacken lang, ziehen Sie Ihr Kinn leicht zurück zum Hals.

Ausführung:

- Behalten Sie wenn möglich Ihren langen Rücken bei und legen Sie das rechte Fußgelenk auf den linken Oberschenkel.
- Sie können nun Ihre Hände locker auf dem Fußgelenk und dem Knie ablegen. Spüren Sie die Dehnung an der Außenseite Ihrer rechten Pobacke?
- Halten Sie die Dehnung und versuchen Sie, möglichst gleichmäßig weiterzuatmen.
- Atmen Sie achtmal ein und aus, wechseln Sie dann die Seite.
- Sie können die Dehnung verstärken, indem Sie Ihr Becken weiterkippen und Ihren Po nach hinten schieben. Stellen Sie sich vor, Sie möchten einen Entenpo imitieren. Machen Sie sich keine Sorgen, dass Sie in ein Hohlkreuz fallen könnten, denn dazu müssten Sie in dieser Position bereits sehr gut

gedehnt sein. Falls Sie sich dennoch Sorgen machen, schauen Sie sich bei dieser Übung seitlich im Spiegel an.

- Wenn Sie bei dieser Übung keine Dehnung spüren können, kontrollieren Sie die Haltung Ihrer Wirbelsäule, vor allem im unteren Rücken: Sie sollte eine natürliche S-Form haben.
- Achten Sie darauf, dass Ihr Fußgelenk aufliegt. Wenn Sie den Fuß mit der Außenkante auflegen, knickt er stark im Sprunggelenk ab und Sie haben eine ungünstige Belastung auf den Außenbändern im Fußgelenk. Diese neigen meist zur Abschwächung, sind häufig «ausgeleiert» und geben so dem Gelenk nicht genügend Stabilität.

Ausgangsposition: Rückenlage

- Legen Sie sich auf den Rücken und stellen Sie nacheinander Ihre Füße auf.
- Ziehen Sie die Schultern weg von den Ohren und den Nacken lang.
- Legen Sie Ihr rechtes Fußgelenk auf Ihren linken Oberschenkel. Ihr rechtes Knie kippt dabei nach außen.

Ausführung:

- Ziehen Sie die Beine an den Bauch. Dazu können Sie, falls Ihr Bauch nicht im Weg ist, den linken Oberschenkel umfassen.
- Oder Sie umfassen mit beiden Händen den rechten Unterschenkel, das ist meist wesentlich bequemer.

- Je weiter Sie Ihr rechtes Knie nach außen drücken und je dichter Sie das linke Bein an den Bauch ziehen können, desto stärker ist die Dehnung in der rechten äußeren Poseite.
- Atmen Sie ganz entspannt acht Mal ein und aus, wechseln Sie dann die Seite.
- Sie können die Dehnung verstärken, indem Sie versuchen, Ihren Po in den Boden zu drücken, sodass sich der untere Rücken ein wenig vom Boden abhebt. Probieren Sie diese Übung auch mit einer Handtuchrolle in der Lendenwirbelsäule aus. Dies hat denselben Effekt und ist angenehmer.

Tipp **Wenn beide Varianten der Beinhaltung in Rückenlage unbequem sind, nehmen Sie ein Handtuch und legen Sie es sich um Ihren linken Oberschenkel. Sie können dann das Bein an beiden Handtuchenden festhalten.**

Vorderer Oberschenkel

Der vordere Beindehner im Stand (Vierköpfiger Beinstrecker)

Ausgangsposition: Stand

- Stellen Sie sich vor einen Stuhl oder eine Wand und stützen Sie sich leicht ab.
- Ihre Knie sind weich und entspannt, Ihr Bauch und Ihr Nacken lang gezogen.
- Schieben Sie Ihr Brustbein nach vorne oben, ziehen Sie Ihre Schulterblätter nach hinten unten.

Ausführung:

- Verlagern Sie Ihr Gewicht auf das rechte Bein.
- Beugen Sie das linke Knie und greifen Sie mit der linken Hand das linke Fußgelenk.
- Spannen Sie Bauch und Po leicht an und spüren Sie die Dehnung am vorderen linken Oberschenkel. Vielleicht haben Sie auch eine leichte Dehnung am Übergang vom Oberschenkel zum Rumpf. Das ist möglich, weil ein Teil des Beinstreckers über das Hüftgelenk läuft.
- Halten Sie diese Position zirka 20 Sekunden, wechseln Sie dann die Seite.
- Achten Sie darauf, dass während der Dehnung beide Knie nebeneinander bleiben. Wenn

Sie frei stehen können, ohne einen Stuhl oder die Wand zu nutzen, sollten Sie das tun, damit trainieren Sie gleichzeitig Ihren Gleichgewichtssinn. Fixieren Sie dann mit den Augen einen Punkt, der sich nicht bewegt, dann wird es Ihnen leichter fallen.

Tipp Wenn Sie mit der Hand nicht bis zum Fuß reichen, weil Ihre Beine zu dick sind, nehmen Sie ein Handtuch oder ein Theraband zu Hilfe.

→ Wickeln Sie sich Handtuch oder Theraband einmal um den Oberschenkel und greifen Sie mit der linken Hand beide Enden.

→ Lassen Sie dann die entstandene Schlaufe bis zum Fußgelenk hinunterrutschen. So können Sie, ohne den Fuß greifen zu müssen, problemlos diese Dehnungsposition einnehmen.

Der vordere Beindehner im Liegen

Ausgangsposition: Bauchlage

→ Legen Sie sich bequem auf den Bauch. Unterpolstern Sie eventuell die Fußgelenke und die Brust wie auf Seite 80 beschrieben.

→ Legen Sie Ihre Stirn auf Ihrer rechten Hand ab. Sollte dies wegen einer sehr großen Brust unangenehm sein, legen Sie die Stirn auf einer Handtuchrolle ab.

Ausführung:

- Fassen Sie mit der linken Hand das linke Fußgelenk. Sollten Sie das nicht schaffen, nehmen Sie wieder ein Handtuch oder ein Tube zur Hilfe. Sie müssen dabei das Handtuch oder Tube wie ein Lasso werfen oder lassen sich von einem Partner dabei helfen. Ziehen Sie Ihren Fuß nicht so sehr zum Po, da Sie dadurch Ihr Knie sehr stark beugen würden, sondern eher Richtung Decke. Zwischen Ferse und Po ist so immer ein wenig Luft.
- Spannen Sie nun Bauch und Po an und spüren Sie die Dehnung im vorderen linken Oberschenkel.
- Halten Sie die Dehnung über fünf langsame und gleichmäßige Atemzüge und wechseln Sie dann die Seite.
- Wenn Sie die Dehnung verstärken wollen, denken Sie sich Ihr Schambein weiter Richtung Boden. Achten Sie darauf, dass während der gesamten Dehnung beide Knie nebeneinander bleiben.

Hinterer Oberschenkel

Der hintere Beindehner im Sitzen (Beinbeuger)

Ausgangsposition: Sitzen

→ Setzen Sie sich mit leicht geöffneten Beinen auf einen Ball.
→ Ihre Fußspitzen zeigen leicht nach außen.
→ Ihre Knie befinden sich senkrecht über Ihren Fußgelenken.
→ Ziehen Sie Ihren Bauch lang, schieben Sie Ihr Brustbein nach vorne oben.
→ Ziehen Sie die Schultern nach hinten unten und Ihren Nacken lang.
→ Stellen Sie den rechten Fuß vor und strecken Sie Ihr rechtes Bein.

Ausführung:

→ Stützen Sie sich mit beiden Händen leicht auf beiden Oberschenkeln ab. Ihre Daumen zeigen dabei zueinander, die anderen Finger nach außen.
→ Neigen Sie Ihren lang gezogenen Rücken nach vorne. Spüren Sie die Dehnung auf der rechten Beinrückseite.
→ Halten Sie die Dehnung fünf Atemzüge lang, richten Sie sich dann mit langem Rücken auf und wechseln Sie die Seite. Achten Sie auf einen langen, gestreckten Rücken.
→ Sie können die Dehnung verstärken, indem Sie sich vorstellen, Ihren Po nach hinten oben zu schieben.

Info Sie sollten bei der Dehnung des Beinbeugers Ihr Bein gestreckt, aber nicht durchgestreckt halten. Der Beinbeuger endet erst unterhalb des Knies. Wenn das Knie gebeugt bleiben würde, wäre der Muskel im Bereich der Kniekehle noch kontrahiert und es gäbe keine vollständige Dehnung. Achten Sie aber darauf, dass das Gelenk nicht einrastet. Denken Sie sich das Knie weich und entspannt, aber das Bein lang, dann werden Sie die richtige Position leicht finden.

Der hintere Beindehner im Stand

Ausgangsposition: Stand

- Stehen Sie aufrecht.
- Stellen Sie Ihren linken Fuß ein wenig nach vorne.
- Ziehen Sie Ihren Bauch lang, schieben Sie Ihr Brustbein nach vorne oben.
- Denken Sie sich Ihre Schultern weit weg von den Ohren und Ihren Nacken lang.
- Legen Sie beide Hände auf die Oberschenkel. Die Daumen zeigen dabei zueinander, die anderen Finger nach außen. Meist entstehen dadurch Flügel-Arme. Wenn Sie auch Flügelchen bilden, legen Sie Ihre Arme an Ihren Körper an.

Ausführung:

- Lassen Sie Ihren Rücken lang.
- Beugen Sie Ihr rechtes Bein und schieben Sie Ihren Po nach hinten, so als wollten Sie ihn in Richtung eines Stuhls bewegen.
- Wenn Sie nun die Dehnung im linken, hinteren Oberschenkel verstärken möchten, stellen Sie sich vor, Sie berührten mit Ihrem Po eine Wand. Schieben Sie nun den Po an der Wand nach oben.
- Halten Sie die Dehnung fünf Atemzüge, richten Sie sich anschließend mit langem Rücken auf und wechseln Sie dann die Seiten.

Tipp Wenn Sie bei dieser Dehnung Ihre Fußspitzen Richtung Nase ziehen (so wie auf den Fotos), dann können Sie gleichzeitig Ihre Wade dehnen. Sie werden dann vermutlich auch Ihre Kniekehle spüren, weil sowohl der Zwillingswadenmuskel als auch der Beinbeuger über die Kniekehle laufen.

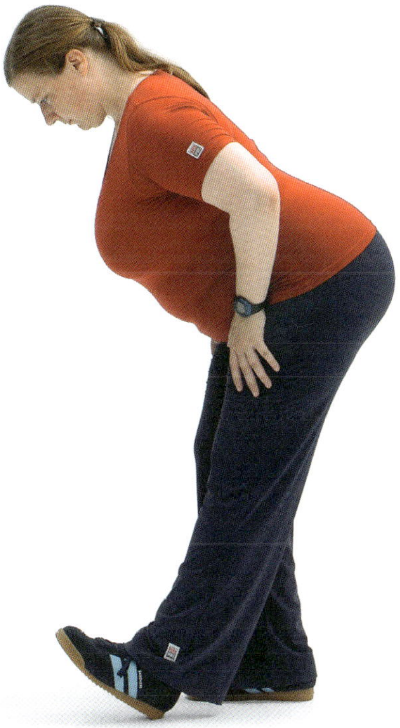

Der hintere Beindehner in der Luft

Ausgangsposition: Rückenlage

→ Legen Sie sich auf den Rücken.

→ Stellen Sie nacheinander beide Füße auf.

Ausführung:

→ Strecken Sie das rechte Bein in die Luft und ziehen Sie das gestreckte rechte Bein Richtung Oberkörper. Halten Sie das gestreckte Bein entweder am Oberschenkel oder an der Wade, je nachdem, was für Sie am bequemsten ist. Wenn Sie das Bein in der Kniekehle halten, kommen Sie ansonsten leicht in Versuchung, das Bein zu beugen.

→ Halten Sie die Dehnung fünf Atemzüge lang und wechseln Sie dann die Seite.

→ Es ist egal, ob das Bein von Ihnen wegzeigt, zu Ihrem Kopf zeigt oder genau Richtung

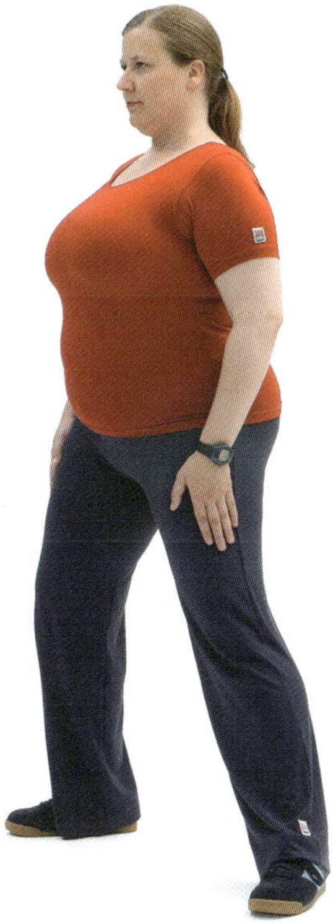 

Decke. Es kommt nur darauf an, dass Sie eine Dehnung verspüren.

→ Wenn es für Sie zu unbequem ist, das Bein zu halten, nehmen Sie ein Handtuch zu Hilfe und halten Sie das Bein mit dem Handtuch.

Innerer Oberschenkel

Der Innenbeindehner im Stand (Adduktorengruppe)

Ausgangsposition: Stand

→ Stellen Sie sich mit weit geöffneten Beinen hin.

→ Ihre Füße sind die äußersten Punkte von Ihnen.

→ Ihre Knie sind weich und entspannt.

→ Ziehen Sie Ihren Bauch lang und schieben Sie Ihr Brustbein nach vorne oben.

→ Ziehen Sie die Schultern weit weg von den Ohren und Ihren Nacken lang.

→ Denken Sie sich Ihre Schulterblätter nach hinten unten.

→ Legen Sie beide Hände auf Ihren Oberschenkeln ab. Ihre Daumen zeigen zueinander, die anderen Finger nach außen.

Ausführung:

- Verlagern Sie Ihr Gewicht nach rechts. Ihr rechtes Knie ist nun gebeugt, Ihr linkes Bein bleibt gestreckt, ohne es durchzustrecken. (Abb. S. 147 links)
- Wenn Sie jetzt bereits eine Dehnung in der linken Beininnenseite spüren, verharren Sie in dieser Position für fünf Atemzüge.
- Verlagern Sie dann das Gewicht auf die andere Seite.
- Achten Sie darauf, dass Ihr rechtes Knie senkrecht über Ihrem Fußgelenk steht. Wenn Ihr Knie weiter vorne ist, haben Sie einen erhöhten Anpressdruck im Kniegelenk. Das kann zu einem vermehrten Abrieb des Knorpels hinter der Kniescheibe führen.
- Wenn Sie noch keine Dehnung spüren, lassen Sie das rechte Bein gebeugt, das linke Bein gestreckt. (Abb. Seite 147 rechts)
- Schieben Sie Ihren Po nach hinten. Ihr Oberkörper neigt sich automatisch vor, da Sie ansonsten umfallen würden.
- Halten Sie die Dehnung etwa fünf Atemzüge.
- Achten Sie bei dieser Variante auf einen langen Rücken.

Der Innenbeindehner im Liegen (Adduktorengruppe)

Ausgangsposition: Rückenlage

- Legen Sie sich auf den Rücken.
- Stellen Sie nacheinander beide Füße auf.
- Ziehen Sie die Schultern weg von den Ohren und den Nacken lang.

Ausführung:

- Strecken Sie nacheinander beide Beine in die Luft.
- Öffnen Sie die Beine nach rechts und links Richtung Boden. Spüren Sie die Dehnung in den Beininnenseiten.
- Halten Sie diese Position etwa fünf gleichmäßige Atemzüge lang und stellen Sie nacheinander beide Füße wieder auf dem Boden ab.
- Sie können die Dehnung verstärken, indem Sie Ihre Hände von oben auf Ihre Beine legen. Dabei können Sie sogar die Arbeit Ihres Hüftbeugers, der die Beine in der Luft hält, unterstützen. Wenn Sie die Dehnung etwas abschwächen möchten, stützen Sie die Beine von unten mit den Händen.
- Wenn Sie ausreichend Platz an einer Wand haben, sollten Sie sich direkt mit Ihrem Po daranlegen und die Adduktoren-Dehnung mit den geöffneten Beinen an der Wand durchfüh-

ren. Diese Position ist entspannender, da Sie sich die Haltearbeit ersparen.

Schienbein und Wade

Der Schienbeindehner (Vorderer Schienbeinmuskel)

Sie erinnern sich? Das ist der Muskel, der bei Walking-Anfängerinnen oft überanstrengt ist. Machen Sie nach dem Walken auf jeden Fall diese Dehnung.

Ausgangsposition: Stand

- → Stellen Sie sich hüftbreit hin.
- → Ihre Fußspitzen zeigen leicht nach außen.
- → Ihre Knie sind weich und entspannt und zeigen in Richtung der «Ringzehen».
- → Ziehen Sie Ihren Bauch ganz lang, schieben Sie Ihr Brustbein nach vorne oben.
- → Ziehen Sie die Schultern weit weg von den Ohren und denken Sie sich Ihren Nacken lang.
- → Wenn Sie möchten, legen Sie beide Hände auf eine Stuhllehne.

Ausführung:

- → Verlagern Sie Ihr Gewicht auf den rechten Fuß.
- → Stellen Sie den linken Fuß ein wenig zurück und klappen Sie Ihre Zehen nach hinten um.
- → Wenn Sie jetzt noch keine Dehnung spüren, drücken Sie Ihren Fuß sanft in den Boden. Fühlen Sie die Dehnung im vorderen Schienbein?

→ Halten Sie die Dehnung etwa 15 bis 20 Sekunden, wechseln Sie dann die Seite.

Der Ausfallschritt (Zwillingswadenmuskel)

Ausgangsposition: Stand

→ Stellen Sie den linken Fuß zurück. Achten Sie darauf, dass beide Fußspitzen ungefähr in eine Richtung (also nach vorne) zeigen.

→ Beugen Sie das vordere, rechte Knie etwas.

→ Ziehen Sie Ihren Bauch und Rücken lang.

→ Schieben Sie das Brustbein nach vorne oben, die Schultern weg von den Ohren.

Ausführung:

→ Drücken Sie Ihre hintere, linke Ferse in den Boden und Sie spüren eine Dehnung in der linken Wade.

→ Halten Sie die Dehnung etwa 20 Sekunden und wechseln Sie dann die Seite.

→ Wenn Sie sich seitlich im Spiegel betrachten, bilden Sie fast eine gerade Linie, wenn man sich den Po wegdenkt.

Der gebeugte Ausfallschritt (Schollenmuskel)

Ausgangsposition: Stand

→ Diese Dehnung können Sie wunderbar an die Übung des Zwillingswadenmuskels anschließen. Machen Sie nur den Schritt kleiner.

Ausführung:

→ Beugen Sie beide Knie leicht. Sie können dann die Dehnung in der unteren Wade spüren.

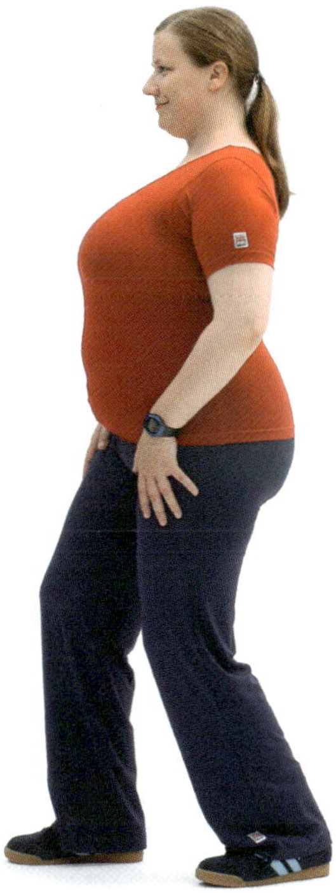

Entspannungstraining

Natürlich gehören zu einem sinnvollen Bewegungsprogramm auch Entspannungsübungen. Sie sind nicht nur wichtig, um bei uns selbst anzukommen. Sie sind auch ein gutes Hilfsmittel, um den täglichen Stress zumindest für einige Minuten zu vergessen. Hierzu gibt es sehr viele Möglichkeiten: autogenes Training, Meditation, Körperreisen, progressive Muskelrelaxation und vieles mehr. Ich werde Ihnen im Folgenden ein paar Übungen erklären, die Sie leicht und schnell nachvollziehen können.

Da viele Menschen ein distanziertes Verhältnis zu ihrem Körper haben, bevorzuge ich Methoden, welche die Körperwahrnehmung und das Körperbewusstsein stärken. Unser Körper ist nicht irgendeine Masse, sondern ein wichtiger Teil von uns. Geht es uns schlecht, können wir das an

unserer Haltung ablesen, wir lassen dann zum Beispiel unsere Schultern hängen. Fühlen wir uns wohl, sind auch unsere Schritte sicherer und bestimmter.
Wenn wir unserem Körper Gutes tun, tun wir auch unserer Seele Gutes. Besinnen Sie sich also auf sich selbst und fühlen Sie, was mit Ihnen geschieht, wenn Sie die Übungen ausprobieren.

Meditatives Gehen

Gehen können die meisten von uns, deswegen ist diese Art der Meditation so einfach. Suchen Sie sich ein schönes Stück Natur, wo Sie ungestört spazieren gehen können. Falls Sie in einer Großstadt wohnen, können Sie auch einen der schönen alten Parkfriedhöfe nutzen. Denn dort ist es nicht nur sehr grün und sehr ruhig, viele Menschen finden Friedhöfe auch beruhigend.

- → Gehen Sie spazieren.
- → Setzen Sie dabei zuerst Ihre Ferse auf und rollen Sie dann den gesamten Fuß ab.
- → Konzentrieren Sie sich nun auf Ihren Atem. Versuchen Sie, einen Rhythmus zu finden, zum Beispiel Einatmen über drei Schritte, Ausatmen über drei Schritte. Konzentrieren Sie sich nur auf diesen Rhythmus. Versuchen Sie, ihn beizubehalten und möglichst gleichmäßig und tief zu atmen.
- → Sie werden sich dabei nicht nur ganz auf sich selbst konzentrieren, sondern tatsächlich so sehr mit dem Gleichklang von Atem und Bewegung beschäftigt sein, dass für stressige Alltagsgedanken kein Platz mehr bleibt.
- → Ein weiteres Plus: Das Gehen kurbelt Ihren Kreislauf an.

Atemmeditation

Bei der folgenden Atemmeditation sollten Sie sich ganz darauf konzentrieren, wohin Sie Ihren Atem fließen lassen. Sie können die Atemmeditation wahlweise im Sitzen oder Liegen durchführen.
Ich empfehle Ihnen jedoch, sich flach auf den Rücken zu legen oder zusätzlich die Beine auf einem Pezziball oder einem riesigen Kissenhaufen zu lagern.
Der Vorteil: Ihre Haltung ist vollkommen entspannt, und durch die Hochlagerung werden Ihre Venen entlastet.

Die Übung unterteilt sich in vier Stufen:

- → Die Bauchatmung
- → Die Rippenatmung
- → Die Brustatmung
- → Die große Atmung

Die Bauchatmung

- → Legen Sie Ihre Hände auf den unteren Bauch.
- → Leiten Sie Ihren Atem zu Ihren Händen. Spüren Sie, wie sich beim Einatmen die Bauchdecke hebt, beim Ausatmen wieder senkt. Konzentrieren Sie sich nur auf den Atem.
- → Wechseln Sie nach einigen Minuten zur Rippenatmung.

Die Rippenatmung

- → Lassen Sie die Hände auf Ihrem Bauch höher rutschen, bis sie den unteren Rippenbogen erreichen. Lassen Sie dann die Hände auf dem unteren Rippenbogen zur Seite gleiten. Ihre Hände liegen nun seitlich am Rumpf auf den unteren Rippen.
- → Lassen Sie Ihren Atem wieder zu Ihren Händen fließen. Spüren Sie, wie sich beim Einatmen die Rippen nach rechts und links weiten, beim Ausatmen wieder annähern. Konzentrieren Sie sich nur auf Ihren Atem.
- → Wechseln Sie nach einigen Minuten zur Brustatmung.

Die Brustatmung

- Lassen Sie Ihre Hände an Ihrem Rumpf weiter hoch wandern, bis Ihre Fingerspitzen fast Ihre Schlüsselbeine berühren können.
- Leiten Sie Ihren Atem wieder zu Ihren Händen. Spüren Sie, wie sich beim Einatmen Ihr Brustbein hebt, beim Ausatmen wieder senkt. Konzentrieren Sie sich ganz auf Ihren Atem.
- Wechseln Sie nach einigen Minuten zur großen Atmung.

Die große Atmung

- Legen Sie Ihre Arme entspannt neben sich ab, drehen Sie dabei Ihre Handinnenflächen nach oben.
- Versuchen Sie nun, während des Einatmens alle drei Atemräume nacheinander zu füllen: Beim Einatmen hebt sich zuerst die Bauchdecke ein wenig, dann weiten sich die Rippen nach rechts und links, dann hebt sich das Brustbein. Beim Ausatmen senkt sich das Brustbein, nähern sich die Rippen einander an, und zuletzt senkt sich die Bauchdecke ab. Nach einigen Minuten atmen Sie gleichmäßig und entspannt weiter, lassen Sie dann Ihren Atem einfach fließen.
- Bei dieser Atmung spricht man auch von der großen Yogaatmung, weil alle drei Atemräume genutzt werden. Bei den ersten Malen fühlt es sich seltsam an, aber bereits nach wenigen Wiederholungen werden Sie feststellen, dass Sie schnell, auch ohne Handauflegen, die entsprechenden Atemräume nutzen können.

Muskelrelaxation

Die Muskelrelaxation zielt darauf ab, unsere Muskulatur zu entspannen, indem sie zuvor bewusst angespannt wird. Der Effekt ist verblüffend: Sie können fühlen, wie die Anspannung schnell nachlässt.

- Legen Sie sich entspannt auf den Rücken.
- Sie beginnen nun nacheinander Ihre einzelnen Körperteile anzuspannen und wieder locker zu lassen. Beginnen Sie mit den Händen. Ballen Sie Ihre Hände für ein paar Sekunden fest zusammen und lösen Sie sie langsam wieder.
- Spannen Sie Ihre Oberarme an und lösen Sie die Spannung wieder.
- Gehen Sie so Ihren gesamten Körper durch.
- Jedes Mal, wenn Sie Ihre Muskeln wieder lockern, können

Sie fühlen, wie Sie dort warm
und entspannt werden.

Das Schöne an der Muskelrelaxation ist die entspannende Wirkung und dass Sie zuerst alle wichtigen Muskeln Ihres Körpers «erfühlen» müssen, um sie bewusst anspannen zu können. Sie erlangen dadurch bereits ein wesentlich besseres Körperbewusstsein.

Übungspläne

Nun haben Sie so viel gelesen und vermutlich bereits vieles ausprobiert. Wenn Sie sich bei der Planung Ihres Trainings unsicher sind, können Sie mit einem der folgenden Pläne beginnen.
Sie finden Pläne für Anfängerinnen und Fortgeschrittene.

Für Anfängerinnen

Im Folgenden erhalten Sie einen Ausdauertrainingsplan für sechs Wochen. Er ist für Anfängerinnen konzipiert. Suchen Sie sich ein oder zwei Ausdauersportarten aus, die Sie gerne betreiben möchten. Oder Sie probieren jede Woche eine andere Sportart aus (oder an zwei Tagen walken, an einem Tag Fahrradfahren, an einem Tag im Studio auf den Stepper, an den restlichen Tagen Inlineskating). Sie können Ihrer Fantasie freien Lauf lassen und Ihre Lieblingssportarten berücksichtigen.
Die Übungseinheiten lassen sich auch splitten: zum Beispiel morgens 20 Minuten ins Büro walken und abends 10 Minuten auf dem Heimtrainer radeln. Denken Sie daran, dass der Sport in Ihren Alltag passen muss und seien Sie realistisch mit Ihren Zielen. Wenn Sie sich mit 30 Minuten überfordert fühlen, starten Sie mit 20 Minuten und bleiben Sie ruhig unter den angegebenen Pulsobergrenzen. Wichtig ist vor allem, diese Grenzen nicht zu überschreiten. Denken Sie immer daran, dass noch kein Meister und auch keine Meisterin vom Himmel gefallen ist.

Ausdauerplan A1

Woche 1: Beginnen Sie mit 5 Tagen pro Woche je 30 Minuten bei einer Herzfrequenz von 55 % – 65 %.
Woche 2: 6 Tage pro Woche je 30 Minuten bei einer Intensität von 55 % – 65 %
Woche 3: 6 Tage pro Woche je 30 Minuten bei einer Intensität von 55 % – 70 %
Woche 4: an zwei nicht aufeinander folgenden Tagen je 35 Minuten bei einer Intensität von

55 % – 65 %, an drei Tagen je 30 Minuten bei einer Intensität von 60 % – 70 %

Woche 5: an drei möglichst nicht aufeinander folgenden Tagen je 40 Minuten mit einer Intensität von maximal 70 %, an zwei Tagen je 30 Minuten mit einer Intensität von 55 % – 65 %

Woche 6: an drei Tagen je 45 Minuten mit einer Intensität von 55 % – 65 %, an zwei Tagen je 30 Minuten mit einer Intensität von 60 % – 70 %

Kräftigungsplan BIG GYM 1

Sie trainieren mit diesem kleinen Anfängerinnen-Programm bereits alle wichtigen Muskelgruppen.

Nach dem Aufwärmen von etwa 10 Minuten folgen die **Kräftigungs-Übungen** für:

Gleichgewichtssinn	Die Marionette	S. 88
Po	Leg Extensions	S. 107
Hinterer Oberschenkel im Stehen	Leg Curls	S. 110
Vorderer Oberschenkel im Sitzen	Der Sitzwinkler	S. 113
Bauch	Der Schaukelstuhl	S. 103
Rücken	Der Rückenstärker im Sitzen	S. 91

Die entsprechenden **Dehnungsübungen** sind:

Oberschenkelvorderseite im Stehen	Der vordere Beindehner im Stand	S. 141
Oberschenkelrückseite im Sitzen	Der hintere Beindehner im Sitzen	S. 144
Rücken	Der Kutscher	S. 124
Bauch und seitlicher Rumpf	Die Ballerina im Sitzen	S. 130
Po	Der Käfer	S. 137
Entspannungsposition in Rückenlage		S. 152

- Machen Sie die einzelnen Übungen, bis Sie merken, dass es richtig anstrengend wird.
- Die Dehnungspositionen halten Sie jeweils etwa fünf langsame, ruhige Atemzüge lang.
- Und vergessen Sie bei den Beinen und der Rumpfdehnung nicht die jeweils andere Seite.

BIG GYM 1

Woche 1 und 2: an zwei Tagen
Woche 3 und 4: an drei Tagen
Woche 5 und 6: an vier Tagen

Sie können bereits nach sechs Wochen eine deutliche Verbesserung spüren. Ihnen mangelt es an Zeit? Machen Sie die Übungen, wenn Sie wissen, wie sie funktionieren, gemeinsam mit Ihrem Kind oder Partner oder abends vor dem Fernseher. Sie können natürlich auch diese Übungen splitten, also zum Beispiel einige Übungen im Stand beim morgendlichen Zähneputzen, die anderen abends nach der Arbeit durchführen. Achten Sie nur darauf, stets die passende Dehnung einzubauen.

Für Fortgeschrittene

Wenn Sie sich im Alltag bereits viel bewegen, weil Sie zum Beispiel kleine Kinder oder einen bewegungsreichen Beruf haben, oder wenn Sie die Pläne A1 und BIG GYM 1 bereits über mehrere Wochen absolviert haben, können Sie beruhigt die Pläne A2 sowie BIG GYM 2 ausprobieren. Wenn Sie während des Trainings merken, dass Sie sich zu viel zugetraut haben, können Sie jederzeit wieder zu den Anfängerinnenplänen wechseln. Seien Sie ehrlich zu sich und setzen Sie sich realistische Ziele.

Ausdauerplan A2

Woche 1: Beginnen Sie mit vier Tagen pro Woche je 35 Minuten bei einer Herzfrequenz von 60 % – 70 %.
Woche 2: Vier Tage pro Woche je 45 Minuten bei einer Intensität von 55 % – 65 %
Woche 3: Vier Tage pro Woche je 45 Minuten bei einer Intensität von 55 % – 70 %
Woche 4: an zwei nicht aufeinander folgenden Tagen je 50 Minuten bei einer Intensität von 55 % – 65 %, an drei Tagen je 30 Minuten bei einer Intensität von 60 % – 70 %

Woche 5: an drei möglichst nicht aufeinander folgenden Tagen je 50 Minuten mit einer Intensität von maximal 70%, an zwei Tagen je 30 Minuten mit einer Intensität von 55% – 65%

Woche 6: an drei Tagen je 55 Minuten mit einer Intensität von 55% – 65%, an einem Tag 30 Minuten mit einer Intensität von 60% – 70%

Die kleineren Einheiten können Sie splitten, die längeren sollten nicht unterteilt werden.

Kräftigungsplan BIG GYM 2

Nach dem Aufwärmen von etwa 10 Minuten folgen die **Kräftigungs-Übungen** für:

Gleichgewichtssinn im Sitzen	Ball-Balance	S. 87
Po im Unterarmstütz	Der Beinheber	S. 108
Oberschenkelrückseite im Unterarmstütz	Der Dreibeiner	S. 111
Rücken in Bauchlage	Der Rückenstärker im Liegen	S. 92
Bauch in Rückenlage zum Kräftigen	Handtuch Crunches	S. 100

Die entsprechenden **Dehnungsübungen** sind:

Bauch in Rückenlage	Der Riese	S. 132
Rücken bäuchlings auf dem Ball	Der Bauchhänger	S. 124
Oberschenkelrückseite/Wade	Der hintere Beindehner in der Luft	S. 146
Po und Außenrotatoren in Rückenlage	Der Podehner	S. 140
Oberschenkelvorderseite in Bauchlage	Der vordere Beindehner im Liegen	S. 142
Entspannungsposition		S. 152

→ Wiederholen Sie alle Übungen, bis sie richtig anstrengend werden. Bei Bedarf können Sie die Übungen auch splitten und zum Beispiel je morgens und abends die Hälfte durchführen.
→ Achten Sie aber darauf, stets die passende Dehnung anzuhängen.

BIG GYM 2

Woche 1 und 2: an zwei Tagen
Woche 3 und 4: an drei Tagen
Woche 5 und 6: an vier Tagen

Zum Nachschlagen

Kräftigungstraining, Gleichgewichtsübungen

Adlerschwinge	oberer Rücken und hinterer Schultergürtel	Bauchlage	S. 94
Armdreher	Außenrotatoren der Schultern, Aufrichtung der Brustwirbelsäule	Sitz	S. 97
Ball-Balance	Gleichgewicht	Sitzen	S. 87
Ball-Crunches	gerader Bauchmuskel	Rückenlage	S. 101
Bauchwinkler	Beinbeuger	Bauchlage	S. 112
Beinheber	großer Gesäßmuskel	Unterarmstütz	S. 108
Crunches	gerader Bauchmuskel	Rückenlage	S. 98
Diagonalheben	langer Rückenstrecker, Schulter und gesamte Körperrückseite	Bauchlage	S. 93
Dreibeiner	Beinbeuger, großer Gesäßmuskel	Unterarmstütz	S. 111
Einbeinheber	Adduktorengruppe	Seitlage	S. 118
Frosch	Wahrnehmung, aufrechtes Bewegungsmuster	Rückenlage	S. 83
Handtuch-Crunches	gerader Bauchmuskel	Rückenlage	S. 100
Langer Armzieher	breiter Rückenmuskel, Armstrecker	Sitz	S. 95
Langer Bauch	gerader Bauchmuskel	Rückenlage	S. 104

Leg Curls	Beinbeuger, großer Gesäßmuskel	Stand	S. 110
Leg Extensions	großer Gesäßmuskel	Stand	S. 107
Liegestütz	großer Brustmuskel, zweiköpfiger Oberarmbeuger	Stand	S. 106
Luft-U	mittlerer Anteil des Kapuzen-Muskels	Sitz	S. 96
Marionette	Gleichgewicht	Stand	S. 89
Rückenstärker im Sitzen	langer Rückenstrecker	Sitz	S. 91
Rückenstärker im Liegen	langer Rückenstrecker	Bauchlage	S. 92
Rückenwinkler	vierköpfiger Beinstrecker	Rückenlage	S. 114
Rumpfstabilisator	Ganzkörperkräftigung, Stabilisation	4-Füßler-Stand	S. 90
Schaukelstuhl	Bauchmuskeln	Sitz	S. 103
Seithebe	äußere und innere schräge Bauchmuskeln	Seitlage	S. 101
Seitheben im Stand	Abduktorengruppe	Stand	S. 119
Sitzwinkler	vierköpfiger Beinstrecker	Sitz	S. 113
Spitzenheber	vorderer Schienbeinmuskel	Stand	S. 53

Squats	vierköpfiger Beinstrecker	Stand	S. 116
Wadenstraffer	Zwillingswadenmuskel, Schollenmuskel	Stand	S. 120

Dehnungs- und Beweglichkeitstraining

Ausfallschritt	Zwillingswadenmuskel	Stand	S. 150
Bauchhänger	unterer Bereich des langen Rückenstreckers, viereckiger Lendenmuskel	Stand oder 4-Füßler	S. 124
Ballerina im Sitzen	seitlicher Rumpf, schräge Bauchmuskeln	Sitz	S. 130
Empfang	großer Brustmuskel	Stand	S. 134
Entspannter Frosch	oberer Anteil des Kapuzenmuskels	Rückenlage	S. 128
Gebeugter Ausfallschritt	Schollenmuskel	Stand	S. 151
Hinterer Beindehner im Stand	Beinbeuger	Stand	S. 145
Hinterer Beindehner im Sitzen	Beinbeuger	Sitz	S. 144
Hinterer Beindehner in der Luft	Beinbeuger	Rückenlage	S. 146
Hüftbeuger	hüftbeugende Muskulatur, Lenden-Darmbeinmuskel	Stand	S. 136

Innenbeindehner im Liegen	Adduktorengruppe	Rückenlage	S. 148
Innenbeindehner im Stand	Adduktorengruppe	Stand	S. 147
Käfer	großer Gesäßmuskel	Rückenlage	S. 137
Kleines Paket	langer Rückenstrecker	Rückenlage	S. 126
Kutscher	langer Rückenstrecker, oberer Schultergürtel	Sitz	S. 123
Liegende	schräge Bauchmuskeln, Brustmuskel, großer und kleiner Gesäßmuskel	Rückenlage	S. 133
Nackendehner	oberer Anteil des Kapuzenmuskels	Stand	S. 126
Oberarmstrecker	Armstrecker	Stand	S. 135
Podehner	großer Gesäßmuskel, Außenrotatoren	Sitz oder Rückenlage	S. 138
Riese	gerade und schräge Bauchmuskeln	Rückenlage	S. 132
Rückenhänger	gesamter vorderer Rumpf, besonders Bauchmuskeln	Sitz	S. 131
Rückenstrecker	oberer Anteil des langen Rückenstreckers	Stand	S. 129
Schienbeindehner	vorderer Schienbeinmuskel	Stand	S. 150

Vorderer Beindehner im Liegen	vierköpfiger Beinstrecker	Bauchlage	S. 142
Vorderer Beindehner im Stand	vierköpfiger Beinstrecker	Stand	S. 141

Entspannung

Meditatives Gehen		S. 151
Atemmeditation		S. 153
Muskelrelaxation		S. 154

Bücher, die weiterhelfen

Adipositas

Dahlke, Rüdiger: *Gewichtsprobleme. Be-Deutung und Chance von Übergewicht und Untergewicht.* Droemersche Verlagsanstalt Th. Knaur Nachf., München 2000

Enders, Gisela: *Dick das Leben leben.* Books on Demand, Norderstedt 2001

Hauner, D./ Hauner, H.: *Wirksame Hilfe bei Adipositas.* Trias, Stuttgart 2001

Klör, Hans Ulrich: *Lexikon Adipositas.* Aesopus Verlag, Stuttgart 2001

Orbach, Susie: *Anti-Diätbuch. Über die Psychologie der Dickleibigkeit, die Ursachen von Esssucht.* 17. Auflage. Verlag Frauenoffensive, München 2001

Wirth, Alfred: *Adipositas: Epidemiologie, Ätiologie, Folgeerkrankungen, Therapie.* Springer-Verlag, Berlin / Heidelberg 2000

Wirth, Alfred: *Adipositas-Fibel.* Springer-Verlag, Berlin / Heidelberg 2002.

Bewegung und Sport

Dahlke, Rüdiger: *Meditationsführer.* Schirner Verlag, Darmstadt 1999

Goschall, C./ Heilig, S.: *Trainingsbuch Fatburner.* Rowohlt Verlag, Reinbek bei Hamburg 2000

Saam, J./ Bös, K.: *Tipps für Walking.* Meyer und Meyer Verlag, Aachen 2001
Trökes, Anna: *Yoga für Rücken, Schulter und Nacken.* Gräfe und Unzer Verlag, München 2000
Wilson, Paul: *Wege zur Ruhe: 100 Tricks und Techniken zur schnellen Entspannung.* Rowohlt Verlag, Reinbek bei Hamburg 1996
Petersen, Ole: *Polar – So einfach ist Fitness. Mein persönlicher Ausdauertrainer.* Rowohlt Verlag, Reinbek bei Hamburg 2002
Rüdiger, Margit: *Inline Skating. Fit und schlank – Spaß auf Rollen.* Gräfe und Unzer, München 1999
Johnen, Wilhelm: *Muskelentspannung nach Jacobsen.* Gräfe und Unzer, München 1999
Grifka, Joachim: *Knieschule. Selbsthilfe bei Kniebeschwerden.* Rowohlt, Reinbek bei Hamburg 2002

Skaterinnen, die nicht wissen, wo es schöne Strecken in ihrer Umgebung gibt, kann ich für Deutschland und Österreich die *Inline Guides* der Klartext-Verlagsgesellschaft sowie für die Schweiz die *Inline Guides* und die *SkateMaps* des Werd Verlags empfehlen. Sie bieten Tourenführer für alle Regionen an.

Dicken-Stunden in Studios und Vereinen

Studios, bei denen nur Dicke zutritt haben, gibt es leider in Deutschland nicht mehr. Sollte sich dies zwischenzeitlich wieder ändern, würde ich mich über eine entsprechende Nachricht sehr freuen.
Sport-Stunden, die sich ausschließlich an dicke Menschen wenden, finden Sie unter www.biggym.de. Klicken Sie auf BIG Gym/Sport-Angebote.

Adressen, die weiterhelfen

Deutsche Adipositas Gesellschaft: www.adipositas-gesellschaft.de
Auf dieser Webseite finden Sie sehr viele Informationen und die Leitlinien zur Behandlung von Adipositas. Schauen Sie mal rein!

Polar Electro GmbH Deutschland
Hessenring 24
64572 Büttelborn
Tel.: 0 61 52 / 92 23 60
Fax: 0 61 52 / 92 36 20
E-Mail: info@polar-deutschland.de, Internet: www.polar-deutschland.de

Auf der Webseite finden Sie Händler in Ihrer Nähe. Falls Sie in der Schweiz oder Österreich wohnen, nehmen Sie bitte Kontakt zur jeweiligen Landesvertretung auf. Dort wird Ihnen gerne weitergeholfen.

Österreich:
Polar Electro GmbH
Donaufelder Str. 101
A-1210 Wien
Internet: www.polar-austria.at

Schweiz: über LMT Leuenberger Medizintechnik AG
Industriestrasse 19
CH-8304 Wallisellen
Tel.: + 41-1-8 77 84 85
Fax: + 41-1-8 77 84 99
E-Mail: polar@polar.ch

Eine Liste von allen Studios, die OwnZone-Stunden anbieten, finden Sie für Deutschland unter www.ownzone-studio.de

Ernährung

DGE Deutsche Gesellschaft für Ernährung
Godesberger Allee 18
53175 Bonn
Tel.: 02 28 / 3 77 66 00
Fax: 02 28 / 3 77 68 00

Unter www.dge.de finden Sie unter «Publikationen» und «Verbraucher-Infos» Veröffentlichungen der DGE zum Thema Ernährung zum richtigen Abnehmen.

Gesellschaft für Ernährungsmedizin und Diätetik e. V.
Weiherstr. 5
91484 Sugenheim
Geschäftsstelle:
Kurbrunnenstr. 5
52066 Aachen
Tel.: 02 41 / 96 10 30
Fax: 02 41 / 9 61 03 22
E-Mail: info@ernährungsmed.de
Internet: www.ernährungsmed.de

Auf der Webseite finden Sie unter der Rubrik «Übergewicht» viele Informationen, unter anderem auch Rezepte. DIET bietet auch telefonische Beratungen zu verschiedenen Ernährungs-Themen an. Die entsprechenden Nummern entnehmen Sie bitte der Webseite.

VDOE Verband der Diplom-Oecotrophologen
Reuterstraße 161
53113 Bonn
Tel.: 02 28 / 28 92 20
Fax: 02 21 / 79 94 01
E-Mail: vdoe@vdoe.de
Internet: www.vdoe.de

Auf der Webseite finden Sie eine Auflistung von Oecotrophologen (Ernährungswissenschaftlern), die Ernährungsberatungen anbieten und Gruppenberatungstermine in Deutschland. Vielleicht existiert auch eine Gruppe in Ihrer Stadt?

Sportbekleidung für Übergewichtige

Belle Dessous

Internet: www.belle-dessous.com
E-Mail: info@belle-dessous.com

Ein Online-Fachgeschäft, das auch Sport-BHs für große Größen anbietet.

Carite

in Deutschland über Carite Kruse
Eichenweg 5
25436 Moorrege
Tel.: 0 41 22 / 80 55
Internet: www.carite-kruse.de
E-Mail: info@carite-kruse.de

Funktionelle Sportbekleidung bis Größe 50 (Produktlinie «big & chic»).

Warm Sports

Leverkusenstraße 13
22761 Hamburg
Tel.: 0 40 / 39 67 26
Internet: www.warmsports.de

Funktionelle Sportbekleidung auch in großen Größen (Produktlinie «Oversize»), Sport-BHs bis Körbchengröße DD.
Der Firma Warmsports gilt unser Dank für ihre Unterstützung mit funktioneller Sportbekleidung, Matten, Bällen und Tubes für unsere Fotos.

Carite und Warm Sports sind zurzeit die einzigen mir bekannten Hersteller von funktioneller Sportbekleidung für dicke Menschen. Sollten Sie noch andere kennen, wäre ich für eine kurze Mitteilung sehr dankbar. T-Shirts und Sporthosen aus reiner Baumwolle finden Sie auch bei den bekannten Versendern wie beispielsweise Happy Size oder Otto Versand.

Persönliches zum Schluss

Ich bin in einer sehr sportlichen Familie aufgewachsen: meine Mutter war Sportlehrerin, mein Vater Inhaber eines Sportgeschäfts und Skilehrer, außerdem waren beide aktive Sportler. Sport gehörte (und gehört immer noch) daher für mich zum Alltag. Ausprobieren wollte ich wie die meisten Kinder sehr viel: Schwimmen, Ballett, Badminton, Squash, Surfen, Handball, Turnen und vieles mehr. Damals war ich schlank, und Sport machte Spaß, Freude und Glücksgefühle.

Heute, etliche Kilo schwerer und viele Jahre älter, ist die Grundlage meines Bewegungsdrangs geblieben: das gute Gefühl im Bauch und im Herzen, die angenehme wohlige Entspannung und der Spaß am Toben und Sport treiben mich regelmäßig vom Schreibtisch weg. Dieses gute Gefühl, das sich beim Sport einstellt, möchte ich meinen Teilnehmerinnen und den Trainerinnen, die ich ausbilde, vermitteln. Es ist die Basis all meiner Workshops und Ausbildungen. Nicht höher, schneller, weiter, sondern fröhlicher, angenehmer, entspannender sollte Sport sein. Sich schinden und quälen, um einem äußerlichen Ideal zu entsprechen, Super-Sweat-Stunden, um noch ein Pfund abzunehmen – all das ist für mein Verständnis mit einer Strenge sich selbst gegenüber versehen, die kaum zu Wohlfühlen und Gesundheit beitragen kann. Zumal ich weiß, dass viele dünne wie dicke Menschen sich in diesen «Höher-schneller-weiter-Stunden» nicht aufgehoben fühlen und immer das Gefühl haben, sie müssten anders sein, als sie sind. Meine jahrelange Erfahrung bei der Leitung von Ausbildungen und Workshops zu den verschiedensten Themen hat mir gezeigt, dass auch für immer mehr Trainerinnen der Spaß an der Bewegung zählt und sie genau das ihren Teilnehmerinnen auch vermitteln möchten.

Die Freude an der Bewegung und das gemeinsame Erlebnis mit anderen Menschen bildet die Grundlage all meiner Workshops – egal ob Power Yoga, Big Gym, Walking, Pilates oder Fußreflexzonenmassage. Meine besondere Aufmerksamkeit gilt dabei seit Jahren anderen dicken Menschen. Für sie biete ich nicht nur spezielle Stunden an, sondern im Jahr 2004 erstmals sogar eine Wellfit-Wochenendreise – ausschließlich für Pfundsmenschen versteht sich.

Wenn Sie sich für meine Arbeit im Allgemeinen, meine Bücher oder

meine Angebote für dicke Menschen interessieren, besuchen Sie mich unter www.biggym.de. Ich würde mich sehr freuen.
Sie möchten etwas zu diesem Buch loswerden, haben Fragen, Lob, Anregungen oder Verbesserungsvorschläge? Dann mailen Sie mir unter info@biggym.de.

Ich wünsche Ihnen Freude an diesem Buch und an Big Gym – genießen Sie es!

Dörte Kuhn

Dörte Kuhn arbeitet neben ihrer Ausbildung zur Heilpraktikerin als Buchautorin und freie Journalistin sowie als Trainerin und Referentin zu verschiedenen Themen.

Dank

Mein besonderer Dank gilt «meinen» Dicken. Ohne euch hätte ich vieles nicht verstanden. Ich bin stolz auf euch! Und natürlich Barbara, der besten Lektorin und Agentin der Welt, die immer an mich geglaubt hat. Danke für deine Hilfe und Unterstützung und für deine Nerven aus Drahtseilen!

rororo Ratgeber Fitness & Wellness

Kompetente Ratschläge, Tipps und Antworten zu Bewegung, Energie, Ernährung

Wenig Zeit und trotzdem fit
Marion Appel-Schiefer
Das Quickfit-Programm
Kleiner Aufwand – viel Effekt
Überall und jederzeit
3-499-61022-1

Einfach fit und gesund!
Hans-Dieter Kempf
Bewegung, Energie, Ernährung
Relax- und Anti-Stress-Programm
Mit großem Fitnesstest
3-499-61391-3

Power for Life
Ole Petersen
Das Energieprogramm
Burn Fett statt Burnout
Mit Real-Age- und Stress-Test
3-499-61394-8

Glücksfaktor Sex
Astrid-Christina Richtsfeld
Mehr Lust und Spaß
Erotik, Energie, Erfolg
Sex-Food & Spezialrezepte
3-499-61390-5

Wellness-Weekends
Christa G. Traczinski
Sinnlichkeit. Energie. Reinigung.
Ausgeglichenheit

3-499-61392-1

S 10/2b